あなたの知らない京の老舗シリーズ

ツカキグループ

「三宝よし」の近江商人

龍谷大学経済学部 編

新評論

巻頭言

（龍谷大学学長　入澤　崇）

先日、龍谷大学経済学部一期生の方とお話をする機会があったのですが、その方は、深草キャンパスの変貌ぶりに驚きつつ、次のように話されました。

「私たちが龍大に入ったとき、七条大宮で入学式を終えて深草学舎に来たら有刺鉄線が張られていましてね。えらいところに入学したなーという印象でした」

本学深草学舎は、一九六〇年の「親鸞聖人七〇〇回大遠忌」の記念事業として開設されました。アメリカ軍の駐留地（旧陸軍第一六師団跡地）を取得し、残された米軍施設を教室や事務室として使用しました。経済学部一期生の方は、この光景にさぞや驚かれたことでしょう。若き日の驚き以上に、現在の深草キャンパスに驚嘆されたその方は、最後に次のようにおっしゃいました。

「龍谷大学は、教育業界の老舗ですからねえ」

そのことを思い出させてくれたのが、本書で紹介することになる「京都の老舗」に関する研究教育プロジェクトです。二〇二三年六月、老舗旅館として名高い「柊家」の女将さんが本学で特別講義を行う際、学長室に来てくださいました。言うまでもなく、老舗は一朝一夕に成るものではありません。長年にわたって社会との信頼関係を築き上げてきたからこそ、老舗としての看板を掲げられているのです。柊家の女将さんとの語らいで、その意を強くもちました。

本学経済学部のプロジェクトが「老舗」に焦点をあてることで、「経済学部」と「老舗」が私の頭の中で見事に結び付き、冒頭に紹介したエピソードを思い出した次第です。

企業が社会との信頼関係を築き上げるためには、経営者および企業の振る舞いが重要となります。老舗として成り立つ一つの要件として大切なことは「先人へのリスペクトである」と、ある老舗料理屋のご主人からうかがったことがあります。先代との葛藤はいろいろあっても、自分が依って立つ店の地盤を築き上げ、店を続けてきた先人たちの努力に敬意を払わなかったならば、「老舗を名乗る資格はない」とその主人は語っていました。長い歴史と伝統をもつ龍谷大学も、先人へのリスペクトを失うことはありません。

社会が大きく変動している今、企業にしても大学にしても、

龍谷大学深草キャンパスの正門

先人の努力を凌駕する営みが必要です。しっかりと社会の動向を直視しなければ、時代の荒波にのみ込まれてしまいます。少子化に直面して、どの大学も生き残りをかけて特色を出そうともがいていますが、その際、老舗から学ぶことは多いと考えます。

実際、多くの老舗が、存続の危機に遭いながらもそれをくぐり抜けてきているのです。危機をチャンスに転換する「しなやかさ」と、守るべきものは守るという「したたかさ」が老舗の老舗たる所以なのでしょう。本書が、老舗研究・企業研究の礎となることを願っています。

「創立三八五年」という時を刻んだ龍谷大学は、くだんの経済学部一期生が言われるとおり、教育業界では老舗であると言えます。ならば、老舗の名に恥じないように大学の精度を上げていかねばなりません。現在、本学では、仏教とＳＤＧｓを結び付けた「仏教ＳＤＧｓ」といった取り組みを進めていますが、サステナブルな社会を構築するためには私たち一人ひとりの意識と行動が要（かなめ）となります。本学の取り組みが老舗の範となるように、力を尽くしてまいる所存です。

シリーズ刊行に際して

（龍谷大学経済学部長　兵庫一也）

老舗とはなんだろうか。まず私は、そこから考えてみることにした。『広辞苑（第七版）』によれば、「先祖代々から続いて繁盛している店。また、それによって得た顧客の信用・愛顧」と説明されている。京都府は「府政百周年」を記念して、一九六八（昭和四三）年から「京の老舗表彰」を行っている。それを受ける条件の一つが、「一〇〇年以上営業を続けている」ことだそうだ。どちらにも共通していることは、長い時間にわたって営業を継続してきたのが老舗だということである。当然、老舗は幾多の困難を乗り越えなければならなかっただろう。今から一〇〇年前といえば大正後期。恐慌と関東大震災に日本経済は大きな打撃を受けていたころである。その後、日本は太平洋戦争に突入していく。弾薬のために、八坂神社の参道にある狛犬を供出させられたというのは有名な話である。そんな時代も生き抜いたのが老舗だ。

さらに遡れば、江戸時代に京都の街を焼き尽くしたのが天明の大火（一七八八年）。このときは、御所や龍谷大学の設立母体である西本願寺も焼けてしまったそうである。今の私たちには意外かもしれないが、京都で起こった地震も忘れてはならない。豊臣秀吉の時代の慶長伏見地震（一五九六年）では、伏見城の天守が崩壊したという。それ以外の大地震の記録も多数ある。つまり、京都を襲った数々の天災も乗り越えてきたのが老舗である。

顧客の信用や愛顧だけで、これらの困難を克服できたのだろうか。私にはそうは思えない。それらに胡座（あぐら）をかくのではなく、独自の「挑戦と革新」を繰り返し、数々の危機を乗り越えてきたのが老舗なのではないだろうか。現代も、少子高齢化、気候変動など我々が直面する困難を挙げればきりがない。これらは現代の老舗にとっても大きな問題であろう。したがって、老舗について知ることで、我々が直面する難題をいかに乗り越えるかを考えるヒントになるのではないだろうか。

本シリーズは、龍谷大学経済学部の講義「地域活性化プロジェクト」での調査研究内容をまとめたものである。この講義は、「京都老舗の会」をはじめとして、京都府、その他多

深草キャンパス

くの関係者のご厚意とご協力で成り立っているものである。それをふまえると、講義で得られた貴重な知識を講義参加者のみで留めておくのはあまりにもったいない、より多くの人と共有すべきものである、と私は信じる。

本シリーズの特徴は大きく二点ある。第一は、取引先や社員など老舗を支える人・組織に焦点を当てていること。第二は、もちろん指導を受けたうえであるが、二〇歳前後の学生によって書かれていることである。

近年、「ネットワーク」は重要な研究キーワードである。老舗は地域経済のネットワークの中心に位置することが多く、研究書としても貢献のあるものだと考える。また、アメリカでの留学時代に、指導教授から何度も「私にはない視点を君はもっているはずだ」と言われたことを思い出す。五〇歳を目前としている私とは異なる若い視点で書かれていることそのものが、私だけでなく、多くの人にとっても興味深いシリーズとなるだろう。

このような二つの特徴によって、本シリーズはむしろ研究者以外の人たちにとって価値があるものになるかもしれない。京都が大好きな人にとっては、普通では知ることができない京の老舗を支える「ネットワーク」が知れるだろう。それにより、京都への旅がさらに充実したものになるだろう。そんな「老舗を通じた観光ガイド」として本シリーズを手にしていただきたい。

本シリーズの執筆者は二〇歳前後の大学生なのだから、きっと気軽に読んでもらえるだろう。

また、経済学に興味がある中高生にとっても、経済学におけるフィールドワークの格好の入門書となるだろう。繰り返しになるが、本シリーズの執筆者は二〇歳前後の大学生なのだから。

最後になるが、「老舗」とは何なのかということを思い出したい。前述したように、独自の「挑戦と革新」を繰り返し、幾多の荒波を乗り越えてきたのが老舗である。困難な現実に我々はどのように立ち向かうのか。最適解は簡単には出ない。一人ひとりが考え続け、挑戦し続けることの重要性も分かっている。しかし、取り組み方が分からないという人が多いのではないだろうか。かくいう私も、常に悩み続ける一人である。

何世代にも渡って困難を克服してきた老舗について知ることで、どのように「挑戦と革新」を続けるのかについて学べるかもしれない。みなさんにとって、本シリーズがその一助となれば、私にとっては望外の喜びとなる。

もくじ

まえがき

♪まる　たけ　えべす　に　おし　おいけ　あね　さん　ろっかく　たこ　にしき　し
あや　ぶっ　たか　まつ　まん　ごじょう　せきだ　ちゃらちゃら　うおのたな　ろくじ
ょう　さんてつ　とおりすぎ　ひっちょう　こえれば　はっ　くじょう　じゅうじょう
とうじで　とどめさす〜♪（高橋美智子『京都のわらべ歌』柳原書店、一九七九年）

耳にされたことがあるだろうか。京都の伝統的なわらべ歌『京都まるたけえびす』で、京都御苑の南側から東寺までの東西に走る通り名を北から順に歌ったものである。歌詞にある「ぶっ」は「仏光寺通」のことである。南北のメインストリートである「烏丸通」との交差点を上がった（北に行く）西側に「塚喜商事株式会社」を中核とするツカキグループの本社がある。このあたりが、現在の京都における経済の中心地である。

二〇二七年に創業一六〇周年を迎える「ツカキグループ」が、今回出版する「あなたの知らない京の老舗シリーズ」のトップバッターとなる。ご存じの方も多いと思われるが、塚喜商事は西陣織をはじめとする和装製品の製造・卸の企業である。ツカキグループは、和装を祖業としながら、宝石、毛皮、下着から不動産まで手広く事業を展開している。

本シリーズの趣旨を簡潔に説明すると、二〇一二年度から龍谷大学経済学部が授業として実施している「プロジェクト型学習」をベースに、全国のみなさんに対して「新しい京都案内」を届けるものである。京都の老舗企業、大学、学生、そして出版社が連携して、「京都ならではの歴史や文化」を各企業にまつわるエピソードとともに紹介する。地域とともに歩んできた老舗の魅力や強みを伝えることができればと思っている。

ところで、西陣織とはどういうものか？「着物の帯などで、名前は知っているが、説明できるほどの知識はない」という人がほとんどではないだろうか。本書では、その詳細とともに、「老舗」という企業の形態やリスク管理、事業承継などについて、代表取締役社長である塚本喜左衛門（六代目）氏に語っていただく。

京都には和装に関わる企業が多数集積している。とくに多いのが「西陣」および「室町」の界隈で、ツカキグループは、室町を拠点とする典型的な室町問屋である。さらに、「三方よし」で有名な近江商人系企業としても知られる。

滋賀県の東近江市五個荘（ごかしょう）から京に出て、幾多の困難を乗り越えてきたツカキグループ、そして西陣織や室町問屋の世界にどこまで入りこめるか、みなさんの想像力をフルに発揮して、読み進めていただきたい。もちろん、京都や五個荘の案内も行っているので、読了後には是非本書を手に、それぞれのエリア散歩をしていただければうれしく思う。

さて、「西陣」という名称だが、何を意味しているのかご存じだろうか。多くの人が地名と思っているようだが、京都市内に「西陣」という地名（行政区域）はなく、一般的には次ページに掲載した図のアミ掛け部分を指している。では、その由来が何かというと、時計の針を「応仁・文明の乱」（一四六七年～一四七七年）まで戻すことになる。

「応仁・文明の乱」とは何か。ひと言で言えば、室町幕府の将軍家と、将軍を補佐する管領家との後継者争いである。時は室町時代中期、八代将軍足利義政の時代である。跡継ぎが不在のため、義政は出家していた実弟の義視を還俗させ、将軍職を譲ろうと考えていたが、妻、日野富子が義尚を産んだことで争いが勃発する。

足利義視が頼ったのは将軍家を補佐する管領家の細川勝元、一方、日野富子が頼ったのは、管領家の下に位置する四職という家柄の山名宗全。当代将軍である足利義政の優柔不断もあって対立は拡大し、細川方を「東軍」、山名方を「西軍」と呼び、全国の大名が京都に集結して「応仁・文明の乱」の火ぶたが切られた。

もうお分かりだろう。西軍が陣を敷いたところ、つまり山名宗全の邸宅があったところが「西

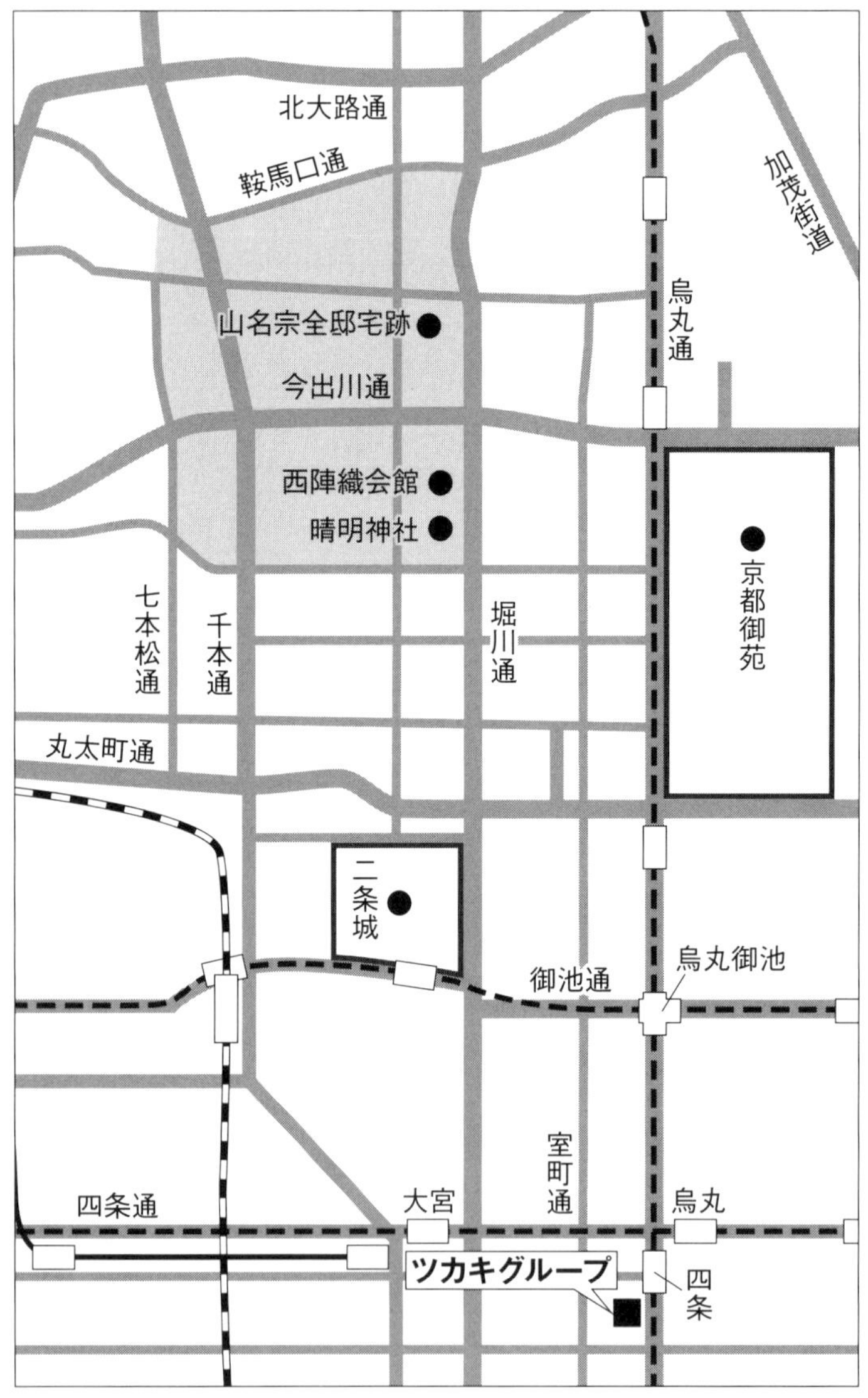
北大路通
鞍馬口通
加茂街道
烏丸通
山名宗全邸宅跡
今出川通
西陣織会館
晴明神社
京都御苑
七本松通
千本通
堀川通
丸太町通
二条城
御池通
烏丸御池
室町通
四条通
大宮
烏丸
ツカキグループ
四条

陣」となる。現在は、写真のように、「邸宅跡」を示す碑が「上京区山名町７９９」に建てられている。西陣は地名にはならなかったが、山名は地名として残っている。こんなところも、いかにも京都らしい。ちなみに、少し年配の京都人が「先の戦争のときには……」と言う場合は、東京や大阪に比べて被害が小さかった昭和の太平洋戦争ではなく、「応仁・文明の乱」を指している可能性があるのでご注意を。

それでは、六代目塚本喜左衛門氏に登場していただこう。歌舞伎ファンであれば、思わず「六代目！」と声を上げたいところだろうが、あいにくと登壇していただく場所は大学のキャンパス内にある「和顔館」。もちろん、緞帳（どんちょう）もない。しかし、幸いなことに教壇はある。舞台の真ん中に立った六代目をイメージしていただきながら、次章を読

山名宗全邸宅跡

み進めていただければ幸いである。

ただ、一つだけお断りしておく。当日、六代目は、若い学生が観客（聴衆）ということで、非常に親しみやすい「台詞回し」で語りかけてくれた。そのまま活字にしてしまうと関西圏以外に住んでいる人には読みづらいと判断して、一部表現を変えて再現している。生の京都弁に触れたいという読者には、京都に行かれての「老舗めぐり」をおすすめしたい。

和顔館

あなたの知らない京の老舗シリーズ

ツカキグループ――「三宝よし」の近江商人

第1章

ツカキグループ代表取締役社長
塚本喜左衛門氏の講演録

講演する塚本社長
2020年10月22日、龍谷大学深草キャンパス和顔館にて
記録者：赤堀亘・石田光・田口顕秀・松本光貴・増田梓実

六代目登壇

みなさん、こんにちは。お手元にお配りした資料について確認してもらうと同時に少し話をさせてもらいます。

小さな冊子があります。「近江商人[1]の里の子どもたち　わたしの五個荘（ごかしょう）むかし話」というタイトルです。表紙の真ん中に、古い町並みの写真が掲載されています。「町並み保存地区」となっているところですが、このあたりが「近江商人発祥の地」です。ページをめくっていただきますと、少女と少年の写真が出てきます。少女は私の姉で、少年が私です。この冊子には、幼いときに、近江商人としてどのような教育を受けていたかが書かれています。言ってみれば、「五個荘」という近江商人発祥の地における「子育て教育」に関する手引書です。

もう一つ、美術館のパンフレットがあります。ここに掲載されている作品はすべて「西陣織」でつくられたものなのです（第3章参照）。先ほど、大学院生の増田梓実さんとお話をしていましたら、西陣織という伝統産業について後期博士過程で勉強するとおっしゃっていました。みな

さんの仲間であり、先輩となる人が織物について研究しておられるというのを知って、ちょっとうれしくなりました。

中に写っている作品の一つは、尾形光琳（一六五八〜一七一六）の『紅白梅図』（ＭＯＡ美術館所蔵・静岡県熱海市）を西陣織で表現したものです。これは純金で織ったものですが、い

（1）　近江商人とは、近江（現在の滋賀県）から来た商人に対する他国の人々による呼称で、近江商人が多数誕生した地域としては、高島、八幡、日野、五個荘などが知られる。もっとも早く登場したのが、現高島市を拠点とした高島商人である。戦国時代末期から江戸時代にかけて活躍した。八幡商人は江戸時代初期に、現近江八幡市から輩出され、やや遅れて台頭したのが、現蒲生郡日野町の日野商人である。江戸後期になると、湖東商人が存在感を増した。湖東とは、現東近江市の五個荘町や湖東町、犬上郡豊郷町、彦根市高宮町といったエリアを指す。

パンフレットに掲載されている尾形光琳作「紅白梅図」

パンフレットの表紙

くらぐらいするか、想像がつきますか？　これね、一億円なんです。「一億円の着物ってあるの？」となるわけですが、伝統工芸の西陣織を純金糸で織ると、一億円のものができ上がってしまうんです。

西陣織は、言葉では言い尽くせないぐらい奥が深いものなので、大学院生の増田さんも研究をなさっているのでしょう。

実はこれらはすべて、弊社でデザインを考えて織り上げたものです。それらを展示するために、二〇一九年八月、本社の七階に「西陣織あさぎ美術館」をオープンさせました。お配りしたパンフレットの中にチケットも入れておりますので、是非お運びください。場所は、四条烏丸から南に下がったところです。もうちょっとローカルに言うと、「からすま京都ホテル」という大きなホテルの南隣ですから、非常に分かりやすいです。夜になると、ビル全体がイルミネーションで飾られますので、夕刻に来られるのがいいかもしれません。

ツカキグループの本拠地「ツカキスクエア」の入り口

まず、近江商人の「三方よし」についてですが、左の写真が手前どもの昔の店です。店の前に線路が走っていますね。昔、烏丸通には市電が走っていました。真ん中の写真を見ていただくと、江戸時代の商人が天秤棒をかついで雨合羽を着ています。昔は、こういう姿をして近江商人は行商をしていました。そして、右の写真、「親子三代」って書いていますよね。ちっちゃな坊とお父さんらしい人、そしてお爺さんが写っています。私が小さいときは、こういう形で両親と祖父母から教育をされていました。言ってみれば、「後継者教育」のあり方を示すものです。

　手前どもの会社は京都に本社があり、東京にも支社があります。慶応三（一八六七）年、つまり江戸時代の最後に商売をはじめていますから、創業して一五三年となります（講演時）。「喜左衛門」という名前を代々名乗るってことは、一五三年のキャリアを自分の経験値に入れるということで、これが襲名における最大のミソとなります。そうすると、「あなたは一五三歳なん？　小さいときのことを入

創業慶応3年（153年前）
昭和中期頃の店舗

親子三代

れたら、まあ一七〇歳くらいのバリュー（値打ち）がないといかんよなあ」と思うのが近江商人であります。先祖の経験値を自分に取り込んでしまう。これが近江商人特有の考え方です。

弊社は、着物、宝石、毛皮・バッグ、ウエディングドレスのレンタル、さらに補正下着のメーカーまでやっております。まあ、こういう業種が手前どもの商いとなっています（「ツカキグループ」の全貌については第4章参照）。

「近江商人って、どんな人がいるの？」という疑問を持たれる人がよくいますので、ちょっと説明しますと、「日本生命」という会社、みなさんよく知っておられるでしょう。生命保険業界で一番大きな会社です。それから伊藤忠兵衛（一八四二～一九〇三）さん。総合商社の「伊藤忠商事」と「丸紅」を創業した人です。文系大学生の各種就職人気ランキングで上位に名前が挙がるのが「伊藤忠商事」ですね。伊藤忠兵衛さんがつくったから「伊藤忠」って言うんです。私やったら、「塚」本「喜」左衛門ですから「塚喜（つかき）」となります。

ほかにも、ワコール、高島屋、日清紡、東洋紡、ヤンマー、西武鉄道、それからトヨタの豊田利三郎さん（豊田佐吉の婿養子で、豊田自動織機製作所およびトヨタ自動車工業の初代社長）もそうですし、石田退三さん（豊田自動織機製作所およびトヨタ自動車工業の社長）もいます。彼らは、まあ言うてみれば、養子さんや番頭さんです。

それから、住友の初代総理事の広瀬宰平さんは、今風に言えば住友グループの大番頭です。大番頭の初代は近江八幡、二代目の伊庭貞剛（いばていごう）さんは安土の人です。滋賀県からビジネスの世界でちょっと名の知られたオーナー、大番頭、養子などがたくさん出ていて、そういう人たちが近江商人ということになります。決して大昔の話やないんやなー、と理解してもらえるとうれしいです。

　話を元に戻します。近江商人の歴史を三つの時期に分けて説明します。最初は六〇〇年から七五〇年にかけてです。奈良時代以前に、渡来人が大陸のいろいろな文化を日本にもってきました。中国大陸から朝鮮半島を経て、日本海を越えて福井の越前あたりに上陸した渡来人は、琵琶湖の北側から、琵

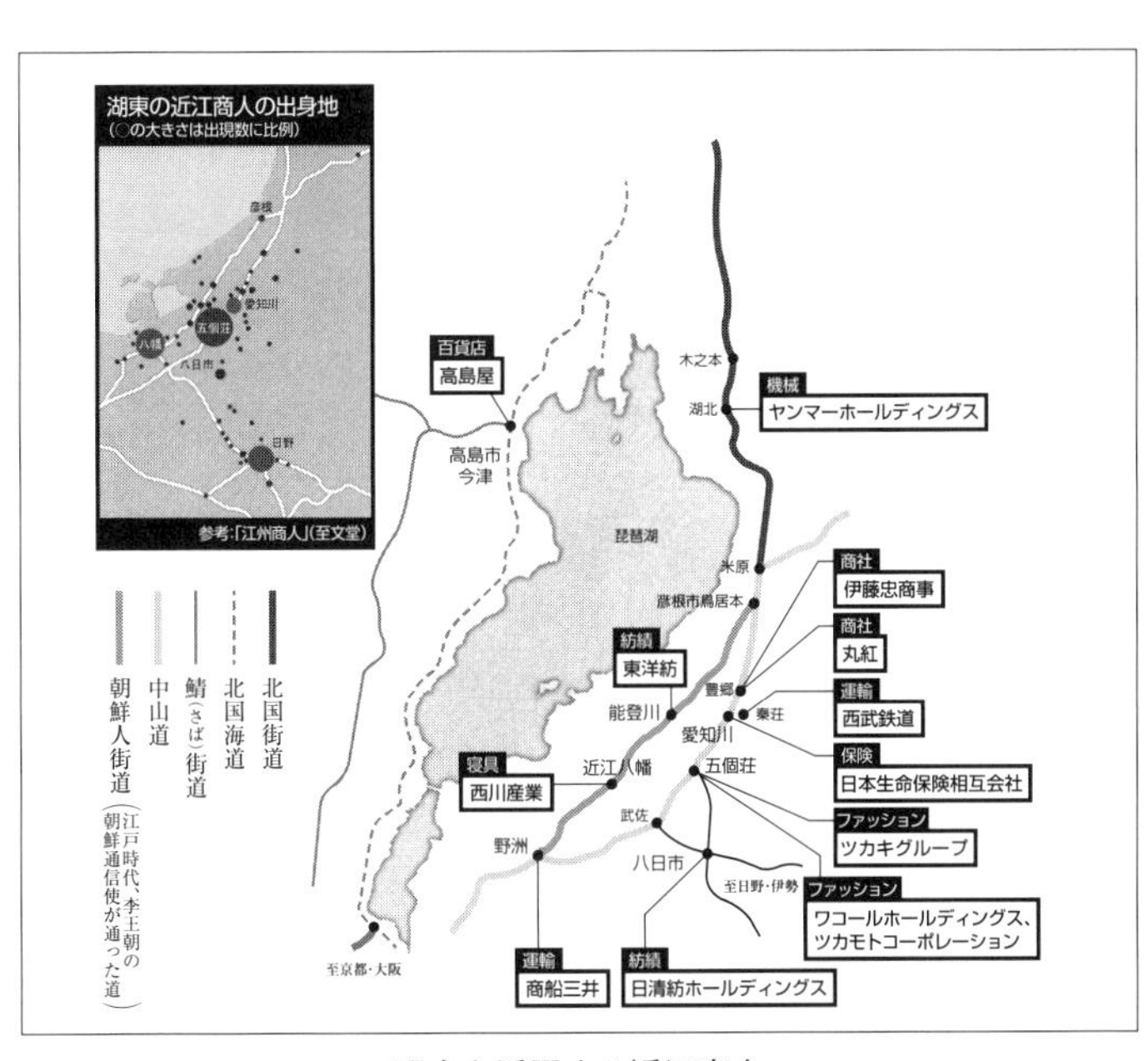

現在も活躍する近江商人

琶湖の東側、彦根とか近江八幡というＪＲ琵琶湖線のあたりを通って奈良に行ったと言われています。ですから、近江は、奈良よりも早く、仏教をはじめとする大陸文化がたくさん流入した地域なんです。

　そして戦国時代です。姉川の合戦（一五七〇年）や賤ケ岳の戦い（一五八三年）といった古戦場が近江にはいっぱいありますから、人の往来も多かったと思われます。当時は農業を中心とした世の中でしたが、近江は戦の舞台となったことで商品経済や貨幣経済が起こりはじめます。このような変化を近江はいち早く受けたわけです。

　織田信長（一五三四〜一五八二）の居城であった安土城は、手前どもの本家がある五個荘というエリアのすぐ横です。ご存じのように、安土には楽市楽座がありました。もう一つ付け加えると、豊臣秀吉（一五三七〜一五九八）のもとには、五大老（有力大名）と官僚役の五奉行がいました。奉行の石田三成（一五六〇〜一六〇〇）や増田長盛（一五四五〜一六一五）は近江の人間です。槍や刀を持っても強くはないけれども、ソロバンを持たすとえらく計算が速いという特技

安土城大手門

があったそうです。要するに、マネジメントに長けていたということです。

さて、明治維新まで進みましょう。彦根藩の最後の殿様は有名な井伊直弼（一八一五～一八六〇）であります。井伊直弼は、みなさんにとってどういうイメージなんやろうか。攘夷派を弾圧した「安政の大獄」で知られ、どっちか言うたら「恐ろしいおっちゃん」というイメージがあるかも知れません。この時代の中国（清）は、イギリスとのアヘン戦争に敗れ、不平等な南京条約を結ばされています。帝国主義がどわーっと東アジアに押しかけてきて、日本も飲み込まれそうなときです。

ところが、日本は鎖国にこだわり、海外の事情にそっぽを向こうとしたわけです。しかし、火の手はすでに中国あたりで上がっています。そして、次は日本だという情報が大老職の井伊直弼のもとに入ってきます。それで、井伊直弼は開国に走るわけですが、尊王攘夷や鎖国を主張する人たちによって江戸城の桜田門外で暗殺されました。

彦根というところは、なかなか冴えとるんです。ちょっと、このスライドに書いてあるものを読みますと、「井伊家は、徳川家の大老職で、彦根藩は一九世紀の初頭には統制経済の解除に踏み切り、藩内では行商の自由化、他の藩へ商品の持ち出しの行商も許可性」（小倉榮一郎『近江商人の経営』サンブライト出版、一九八八年、二七～三〇ページ。編者確認）となっています。日本のほかの地域が農業中心という時代に、彦根では市場経済化を推進していました。

さらに言うと、各藩には独自に発行した領内でのみ使える藩札（紙幣）がありました。ただ、藩札なんていうのは徳政令が出ると紙屑になってしまいます。徳政令は、言うなれば「借金棒引き令」ですから。ところが、彦根藩の藩札は、金とか銀との兌換性を有していたのです。となると、箪笥預金も大丈夫となります。要するに、お金を蓄積するだけの価値があるということです。

もちろん、「藩札ではなく、小判を持ってたらええやないか」という考え方もありますが、小判の値打ちを決めているのは幕府です。小判がえらい小さくなってきたなあ、軽くなってきたなあ、ニセモノを混ぜているんと違うかなあと疑って、小判を口に挟んで曲げると硬くない。混ぜものが多い小判には値打ちがない、となってしまいます。でも、「一両は一両だ」と言って幕府は権力で押し通してきますから、すごいインフレになってしまいます。

それやったら、銀に換えられる彦根藩の藩札のほうがマシやとなります。こういう経済のバックボーンが、近江商人には金を貯めるチャンスとなったわけです。

しかも、近江商人はほかの藩へ出向いて稼いでいます。行く先々で、出店（支店）まで構えています。そうすると、まず必要となるのが人材育成であり、資本の蓄積です。長く続けるためには、何といってもお金が必要です。さっきも言いましたように、近江商人は銀に換えられる藩札をたくさん持っていました。

もう一つ重要なのがマネジメント能力です。複式簿記がキチッとできないと、ほんまの銭勘定は分かりません。不正しとるんか、インチキしとるんか、そんなことが分からんかったら商売はできません。しかし、江戸時代末の近江商人には、人材の育成、資本の蓄積、そして複式簿記というマネジメント体制がすでにできていたんです。

明治維新によって、封建体制と幕府が仕切っていた規制は一挙に崩壊し、市場経済になります。ほかの藩ではそんな概念すらありません。一方、近江商人は全部装備した状態で明治維新を迎えています。市場経済化の号砲が鳴る前にすべてが揃っていたんです。だから、江戸時代に創業した近江商人の会社には、圧倒的な競争力をもっているところが多いんです。

ところで、今日は近江商人に関連する六つのポイントをお話しします。一つ目がさっき言った「過去に学ぶ」ということです。弊社にとって一五〇年間の話は射程の範囲内となっています。七〇年から八〇年の周期で同じような出来事が繰り返されています。一五〇年だと、二回くらい同じような出来事があるので習得できるわけです。欲をいえば、三回か四回繰り返されるともっと精緻なものになるでしょうけど、弊社の場合は二回くらい「同じようなこと」が起きています。「同じようなことって、どんなこと?」——これについてはあとでお話しします。

二つ目は「三分法」です。簿記に詳しい人なら知っているでしょうが、「三分法」とは、商品売買に関して「仕入」、「売上」、「繰越商品」という三つの勘定科目で処理する方法です。しかし、私が言う「三分法」はちょっと違っています。あとで詳しく述べますが、歴史という荒波を乗り越えて商売をするにはその過程にいろいろなことがあるもんです。

この一五〇年でもっとも大きなハードルと言えば、第二次世界大戦（一九三九年～一九四五年）。あんなでっかい戦争があると、世の中は変わってしまうじゃないですか。土地は没収され、家財はタダ同然、いくらお金を貯めても、会社をつくっても、爆撃に遭ったらなくなってしまう。こんなにも高いハードルがあるんです。それから関東大震災（一九二三年）もキツかったようです。最近の事例で言えば、二〇一一年三月一一日に東北地方を襲った東日本大震災です。影響を受けるのは、被災したエリアだけじゃないんです。

事業を続けるにはさまざまなハードルがあるということですが、言ってみれば、企業は障害物競走のランナーみたいなものです。脚が上がり切っていないと引っ掛かってコケルわけです。ハードルだけじゃなくて自分もコケル。そう、倒産するわけです。歴史の荒波を越えるためにはどうしたらいいか……非常に興味が湧く話だと思いませんか。

三つ目は「三方よし」です。銭さえ儲けたらええというもんではありません。となると、どのような経営哲学をもてば「一〇〇年の経営」が保てるのかということになります。

実は、私の名前、「塚本喜左衛門」をGoogleで検索すると結構ヒットしますが、Baidu（百度・中国の検索エンジン）で引いたほうがたくさん出てくるんです。中国では有名人なんだ、ということであります。自慢しているわけではありません。中国人の経営者に、近江商人の「三方よし」についてお話することが多いからであります。

要するに、三方よしの経営哲学をもって一〇〇年にわたって経営をしたいというのが、中国人の強烈な願望なのです。もう一つは、先ほど述べた「三分法」です。彼らの会社の歴史はだいたい、文化大革命（一九六六年～一九七六年）以降、つまり毛沢東が亡くなった一九七六年ぐらいからですから、創業後四〇年ぐらいの会社が圧倒的に多いんです。だから、日本の老舗から何かを学ぼうとしているんでしょう。

四つ目は「事業承継問題」です。これはなかなか厄介な話で、商いの承継と財産の相続、実は、似て非なるものなんです。商売を上手に、会社を上手に受け継ぐことと、財産を上手に相続する、バトンリレーするのは、似てるようですけど明らかに違うわけです。このあたりをどのように越えていくのか……。

五つ目は「地域から学ぶ」。近江商人の教訓を生かすというものです。先ほど、五個荘（ごかしょう）というエリアからたくさんの近江商人が出たという話をしました。その要因の一つは、小さいときから行われる家族による教育ですが、家族だけでなく、近江商人が、近江という地域が、教育をしているんだと思いますし、疑う余地がない現実だと確信しています。

最後は、六つ目となる「家訓と生活習慣」です。幸せを永続させるためには……財産を永続させるとは言っていませんよ。金、金、金って言ったところで幸せになれるわけじゃありません。

究極的には、「幸せ感」を永続させることが大切です。とはいえ、商売人ですから、財産、お金がうまく回ることが最低条件にはなります。となると、近江商人にとっての幸せを永続させるためにはどうしたらいいのかということが、時代がどんなに変化しても決して変わることがない重要なテーマとなります。

こんな話をすると、あれだけ「金、血縁」とばかり言っていた中国人が、やっぱり結局は「幸せをどう永続させるか……」となるわけです。国は違えど、人類として普遍的な願いとなると、やはり永続的な「幸せ感」になるようです。

では、それぞれについて詳しく述べていきます。まずは「過去に学ぶ」というテーマからいきます。塚本家、つまり私の家の話となりますので大変恐縮ではありますが聞いてください。

初代から六代目の私まで全員が「塚本喜左衛門」です。つまり、同じ名前をバトンリレーしているのですが、赤ちゃんのときから喜左衛門なの？　お父さんも喜左衛門、おじいちゃんも喜左衛門なの？　ぐちゃぐちゃで訳が分からんということになりそうですが、ご安心ください。この名前は襲名するときに引き継ぎます。バトンタッチしています。そう、歌舞伎の世界と同じです。

関西のもっとも有名な歌舞伎役者の一人である片岡仁左衛門（松嶋屋）さんは、現在一五代目となっています。初代が一七世紀後半ということですから、三〇〇年以上にわたって襲名していることになります。

役者さんと違って、私どもは商人ですから、銀行などで判子を押すときに、「喜左衛門やけど、ほんまの名前は違いまんねん、私は喜一郎ですねん」と言ってしまうと急に信用がなくなります。そのため、根こそぎ変えるわけです。家庭裁判所に行って名前を変えるんですが、その段階で、警察も、税務署も、法務局も嫌がる。親子の区別がつきにくいとか、相続の際に分からなくなるという理由で名前を変えるというのは結構うるさいもんなんです。

名前を継ぐ、襲名するとはどういうことかというと、先祖と自分が一体化するということです。たとえば歌舞伎役者の場合、南座（祇園四条）の大向こう（客席の一番奥）から「六代目！」といった掛け声がかかったりします。

この「六代目」という言葉の裏側には、「五代目、四代目も偉大やったけど、あんたも、いよいよすごくなってきたでー」という意味が含まれています。それを聞いた役者さんは、祖父さんの芸、お父さんの芸を踏まえたうえで、自らの努力が実って、やっと自分なりの芸域に達したと実感して嬉しくなるわけです。先祖と自分が一体になっていく……これが日本的な伝統に対する考え方です。

こういう意味で、一五三年の歴史があったら、先祖の歴史、経験を全部我がものにせなあかん、商人であればこう考えるわけです。

弊社の場合、三代目が創業しています。拙宅にある古文書に、初代と二代目は「半農半商」と書いてありますから、百姓です。お百姓さんが農業の暇なときに、近江の麻織物の仲買をしておったようで、半分農業、半分商人だったわけです。それじゃ中途半端というんで、三代目が慶応三（一八六七）年に商売に専念するようになりました。

三代目が創業して、翌年に明治維新に遭遇します。せっかく創業したのに、なんか世の中ひっくり返っちゃったという、ぐちゃぐちゃな状態からのスタートです。

明治の最初がどういう時代かというと、封建国家が近代国家に生まれ変わるわけですから、発展途上国の状態です。そこに立ち塞がったのが中国、当時の清です。しかし、中国もどうやら弱っている、勝てるかもしれんと、乾坤一擲の勝負をかけたのが日清戦争（一八九四年～一八九五年）です。歴史で習いましたよね。日本はこの戦争に勝つんですね。勝って、日本の影響力が中国にまで及ぶようになると、今度はロシアがぶつかってきて、「クソ生意気な日本」ということで日露戦争（一九〇四年～一九〇五年）となるわけです。

まさか、また日本が勝つとは誰も思っていない。しかし、バルチック艦隊との日本海大海戦で、日本は辛くも勝ってしまったんです。日清、日露、勝って勝ってという話ですから、まあいい時代なわけで、三代目は「立身出世、三方よし」を信条としていました。最後は村長を務め、「世の中に役立つことをした」と記録に残っています。

このあとを継いだ四代目（喜蔵）は、実にアンラッキーなじいさんでした。受け継いだのが一九二一年で、その二年後に関東大震災があり、東京と横浜がぺちゃんこになるんです。現在でも、同じ事態になったらどこが代わりになるかと言えば、大阪でしょう。関東大震災のときは、「大大阪時代」と呼ばれるぐらい大阪が繁栄しました。要するに、関東経済圏をすべて大阪が賄ったわけです。

やっと関東大震災から復興しはじめたと思っていたら、震災から六年後に世界恐慌が訪れます。これは酷い恐慌で、株価がどれだけ下がったと思いますか。恐慌前の株価を一〇〇円とすると、えらいことや、八〇円に下がった、七〇円に下がった、ひょっとしたら半分までいくんちゃうか、と思っていたら五〇円になった。まだ下がるかもしれんなあーと不安に思っていると、最後は一一円になるんです。一〇〇円のわずか九分の一。株価が九分の一になったら世の中なんて潰れるなあーという状況が一九二九年の世界恐慌でした。

実際、多くの会社が潰れました。もちろん、銀行も倒産です。二〇〇八年のリーマンショックの比じゃないんです。世界恐慌という事実は、過去に学ぶべきこととなります。

この大事件から七年後に、私の親父が中国へ戦争に行きます。六年半です。歴史に詳しい人は、太平洋戦争は四年弱しかなかったやないかと思われるかもしれませんが、一九三七年に日華事変が起きましたから、六年半もの間、二等兵として戦争に駆り出されたのです。幸いなことに、親父は戦地から無事に帰ってきました。

戦争が終結する、うれしいことです。ただ、政治体制も変わる。これが一番の問題となります。一五三年という歴史のなかでは、江戸幕府が倒れて明治維新になった。これは革命であります。次は、大日本帝国が崩壊して日本国になった。でも、大日本帝国の発行した国債は、一応、日本国政府が継承します。もし「棒引きじゃ」と言ってしまうと、銀行が持っている大日本帝国の株は紙くずとなって、銀行は全部倒産してしまいます。となると、日本の再建自体がありえません。

そこで、大蔵省（現・財務省）の官僚が考えました。日本は戦争で負けて、何もない。工場も稼働していない。アメリカの進駐軍が支配している。いったいどうしたらええんやという話でありますが、官僚がこういうことを言ったのです。

「払うもんは払って、取るもんは取ったらええねや」

払うもんは払う。日程、期限を切って、銀行が持ってる国債はある程度償還するようにしておく。その一方で、取るもんを取るために、財産税という法律をつくろうと思いついたんです。

この財産税は強烈で、お金持ちだったら、「はい、九〇パーセント」となるわけです。すごい税金でしょう。財産の二五パーセントから九〇パーセントが、財産税として取られたんです。その理由はというと、国債の償還と海外への賠償金を支払うためです。

海外に対しては、「日本ではこのような税金を国民に課しましたから、みなさんへの賠償金については安心してください」となるわけです。国民に酷い財産税を課したから「安心せい」という話ですが、一応、日本政府の言うことは辻褄だけは合っています。ただ、強烈に日本国民を踏み台にはしていますが……。

また、預金封鎖も行いました。

「新円に切り替えるから、箪笥預金を持っている人は一旦通帳に入れて下さい。古いお札は無効です」となると、ごちゃごちゃ持っているお金を銀行に入れんかったら全部無効になってしまう。そして、入れたら入れたで、財産税を九〇パーセントも取られるという状態になったわけです。この結果、猛烈なインフレになります。

すごい税金が課せられたわけですが、一ドルが一円やった時代から一ドルが三六〇円に変わるわけですから、為替レートだけで考えたら三六〇倍という素晴らしい話なんですが、インフレであることに変わりはありません。一億円という税金も、三〇〇で割ったら三〇万円くらいの価値に下がるというので、みんな救われたんかもしれません。といっても、錯覚ですが……。

令和の現在、日本はたくさんの国債を発行しています。今回、新型コロナウイルス感染症への対応で発行した国債は、日本のＧＤＰに対してどれぐらいかというと、ちょうど昭和二一（一九四六）年頃、戦後まもなくの時期と同じくらいなんです。「日本政府は、ひょっとすればバンザイ（倒産）するかもしれない。そのときにはどうしたらいいんだろうか」と頭をひねることになりますが、かつて大日本帝国が崩壊して再建するときには、「払うもんは払う、取るもんは取る」

と言っていたなーと、一度、昔の事実に遡るんです。今、話しているのは、何かがあったときのことを踏まえておく必要がある、ということです。

そして、経済パニック。二〇〇八年のリーマンショックでは六〇パーセントほど株価が下がりました。世界恐慌では八九パーセントも下落して一一パーセント。こうした事実を記憶しておくことが大事なんです。

実は、コロナショックの二〇二〇年三月一九日、株価がどかーっと落ちています。三一パーセントも落ちたんです。三一パーセント落ちたという事実、リーマンのときはどうやったかな、世界恐慌のときは……と知っておくと底が見えます。底が見えるということは結構大事なことで、商売人として度胸がつくのです。底が見えたら、それ以上はない。過去にこういうことがあったと知っていることは、経営においてはかなり度胸が据わることになるのです。

さらに、大地震。関東大震災（一九二三年）、阪神・淡路大震災（一九九五年）、東日本大震災（二〇一一年）と次々に起こっています。そして、パンデミック。過去を振り返ると、一九一八年にスペイン風邪が大流行しました。そして、今回やって来たのが新型コロナ。多くの人が楽観的に考えて、一月、二月に中国の武漢が封鎖されたから、三～四か月で元に戻るやろう、遅くとも半年で元に戻るやろうと考えたと思います。

その後、東京オリンピック云々と言っている間に、あっという間に一年近くが経っています。

そういうときに過去を見るのです。スペイン風邪は、一波、二波、三波と続きました。一波がキツかったけど、二波は強烈やった、三波は大したことなかったなあーと言いつつ、この間二年近くかかっています。こういうパンデミックのありようや、過去を知っておくことは決して無駄ではありません。

いずれにしろ、このような出来事は、繰り返し、繰り返しやって来ます。だいたい八〇年に一回くらいの頻度で来ます。このようなことが交互に来たら、一〇年か二〇年毎に何かが来ることになります。ただ、似たようなことでも、違う顔（状況）をして来るわけです。同じ顔をしておれば話は簡単なのですが、違う顔をしてやって来るので見極める力が必要です。そして、どうなるかという予測力、これがさらに大事となります。

次は、資産のポートフォリオです。パニックに対していかに備えるかという三分法です。チャンスとピンチを認識して、どのように構えるかということなんですが、これって結構大事な話で、近江商人は次のように考えるんです。

ここに百円玉があります。百円玉の表側には「ピンチ」、そして、裏側には「チャンス」と書いてあるとしてください。

このコインを放り投げると落ちていきます。上から見ていると、財産や株が下がっていくように見えます。下がっていくと見えるのは、百円玉の表に「ピンチ」と書いてあるからです。ピンチ、えらい損やー、倒産やーとなるんですが、これって怖いことなんです。

どういう感じかというと、ストレスが理由で、足元からザワザワと寒気が上がってくる、腰が痛くなる、何とも言えんような吐き気がする、そんな気分です。そういうのが襲ってきて、ものすごく気持ちが不自由になる状態です。また、視野が非常に狭くなるのがピンチという状況です。

しかし、別のタイプの人もいます。裏側には「チャンス」と書かれているわけです。それを下から見て、株が下がるんやったら下がったところで買おうと思って備えている人がいるんです。そう、ごっそりと現金を持って。

ほら来た来た！　もうちょっと下がらんか、もう一段下がらんかと思いながら「チャンス」と書いてある裏側を見ている。そして、チャンスが来た、来た、来たーって、そのチャンスを掴んで、一億円ほど買う。そして、二億円に値上がりしたら一億円儲かることになるわけです。「ピンチ」と「チャンス」、「裏」と「表」は同じ現象なんです。だから、ピンチと思って萎縮してはいかんわけで、百円玉の裏表、どっちから見るかで考え方が変わってくるのです。お金を持って、何らかのこだわりで上から目線で見ていると「損や、損や」と思ってしまいますし、下で待ってる人には「チャンス」となるわけです。ピンチとチャンスをどのように認識するか、これが近江商人の鉄則となっています。

そういえば、「危機」という言葉も興味深いです。危機はピンチを意味します。でも、漢字をよく見ると、危険の「危」と機会の「機」の組み合わせです。となると、「危機」というのは、「ピンチ」でもあり「チャンス」でもあるのです。一般的に、悲観論者は危機やから怖いと言います。違います。危機というのは百円玉の裏表と一緒、ピンチとチャンスは基本的には同じものなんです。近江商人は、こういう風に考えるということです。

さて、三分法です。これが、歴史の荒波を乗り越える秘訣となります。旧来の事業、それから新しい事業、トライアルの事業、これらを上手に回していくというものです。お配りした資料にも書いていますように、弊社では、宝石、毛皮・バッグ、補正下着、ウエディングに関する事業があります。これらは、私の代になってはじめた新しいビジネスです。

こういう話をしていると、学生さんから事前にいただいた質問を思い出しました。その内容を紹介しつつ、答えさせてもらいます。

「ツカキグループは景気の動向に左右されやすい、景気の波を乗り越えるはどうしたらいいか」

この質問については、先ほど話した「三分法」によって安定させるという面もありますし、ピンチとチャンスをどのように考えるのか、そのあたりに話のミソがあるように思います。

そして、「ツカキグループの事業別売上構成は?」という質問ですが、次ページの**図**のようなウェイトになっています。祖業の着物が二分の一、宝石が四分の一を占めています。

「ツカキグループにおける西陣織や、その他事業の重要性を教えてください」という質問に答え

図　事業の三分法

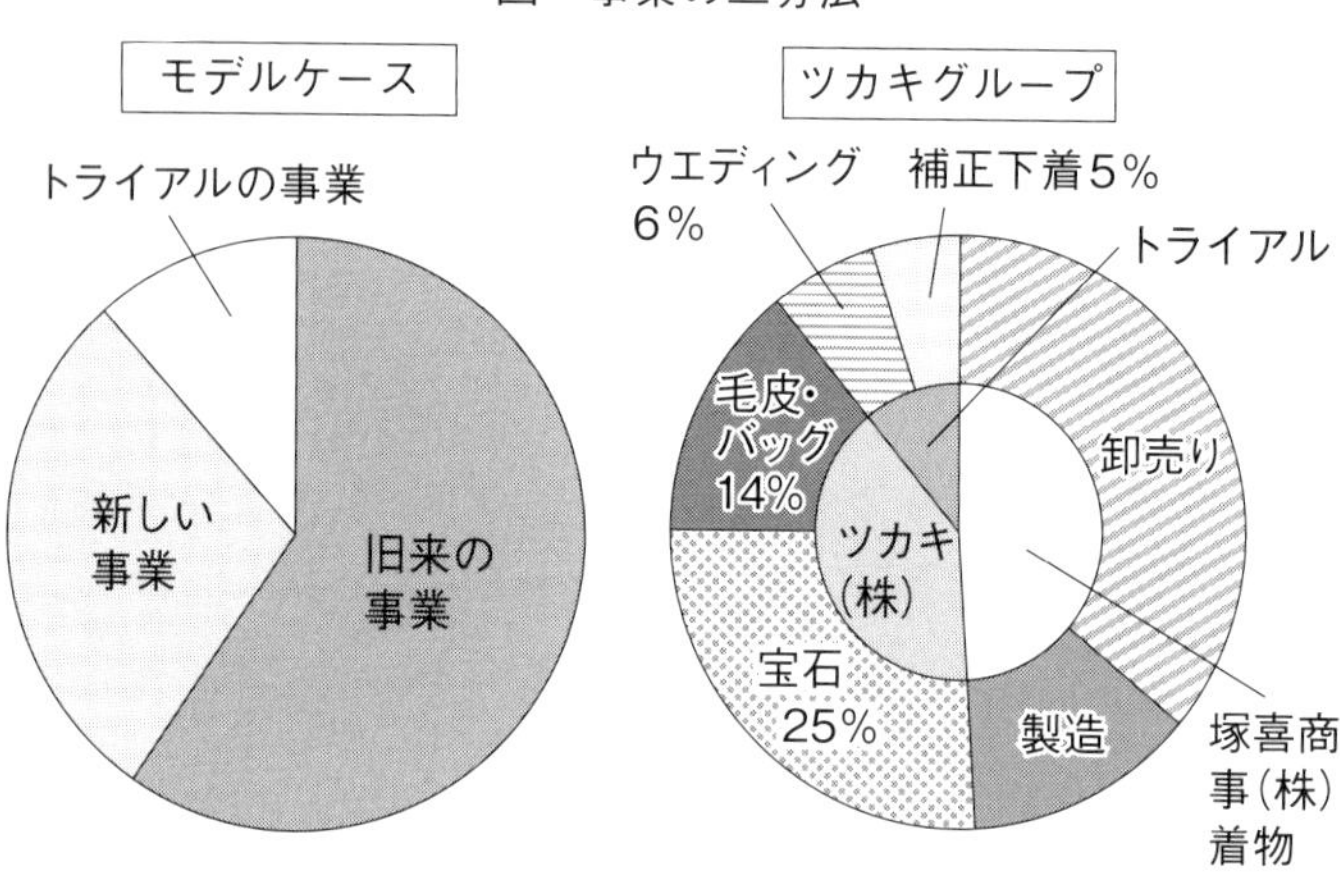

塚喜商事(株)の祖業は「着物」

ると、西陣織や京友禅（染め）の製造ライン（工程）を自社で保有することが強みになります。卸売業を主軸にしていますが、バランスを考えて小売ショップも設けています。

「ジュエリー、ブライダルの事業の展開は？」という質問もありました。呉服や着物から派生して宝石というのは、客層が同じだからです。当然、売り方やノウハウもよく似ており、新規事業として打って出るには非常にやりやすいということになります。もちろん、毛皮も一緒です。いい着物を着る人は、大抵いい宝石、いいハンドバッグを持ちたいものです。流通チャネルもお客さんもシナジー効果が非常に高いということです。

「新規事業の立ち上げのとき、反対する社員はいたか？」という質問ですが、若い人はだいたい賛成しますけど、年配者はほとんど反対するものです。そうすると、それをいかに説き伏せるか、となりますが、説き伏せるのに時間をかけているよりも新しいものをはじめたほうが早いですね。

「現状の業績、事業内容、企業体質などに満足していますか？」という質問には、申し訳ないですが「不満足です」としか答えられません。また、「次の時代に向けてどのような取り組みをしているか？」、「事業承継について」という質問に対しては、あとでお答えします。

まあ、長く商売をやっていると、本業に投下する資本、そのなかで必要とされるお金、またそこから付随してくる不動産まで考える必要があります。こういうものをうまく、それぞれ活用していくことになります。本業だけで一〇〇パーセントにすると、経済成長しているときはいいですが、経済パニックがやって来ると非常に弱い。それで、地震などに備えた不動産における「立地の三分法」というものもあるわけです。

次は「三方よし」です。これが、一〇〇年企業のための経営哲学です。「売り手よし、買い手よし、世間よし」ということで、とても大事な考え方です。

まず、「売り手よし」とはなんぞや。「売り手よし」とは「儲かること」なんです。こう言うと、大概の人はがっかりしますね。中国の人だと、「そのとおり」という顔をしますが、日本人はちょっと腰が引けるようです。何て言うんでしょう、近江商人は率直なんでしょうね。

儲けて「自立」をするというのも重要です。銀行とか他人に、過度に依存しないという状態です。世の中、銀行の都合で潰されるときもあるんです。そして、自分を律する。世の中の風潮に乗って、「ええわ、ええわ」で進むと、潮目が変わった途端に倒されるもんです。それを避けるために、自らを律する経営哲学をもつ必要があります。

次は「買い手よし」です。お客さんが喜ぶ――これが一番大事なことですね。目の前にいるお客さんが喜ぶ、二〇年後、三〇年後のお客さんも喜ぶ、という状態のことです。「売り手よし」と「買い手よし」はどっちが先なんだと言う人がおりますが、お客さんが喜んでくれなかったら商売ははじまりませんから、次のように答えています。

「利益を出す、自分の両足で立てる、自分の経営哲学をもっている」

このように考えられない人は商売に不向きですから、「あんた、もう辞めなはれ。あんたが商売をやったら絶対人に迷惑をかけるわ、だから商売しなはんな」ということになります。

だから、「売り手よし」が第一というよりも、「売り手よし」は前提条件であり、それが整わないのであれば「下手な商売しなはんな」という話です。つまり、「買い手よし」には、次の代まで喜んでもらう、という心構えの重要性を含んでいるのです。

最後の「世間よし」。中国の人にこの話をすると、「納税している」とか「雇用している」という言葉が返ってきます。もちろん、納税はとても大事なことですが、利益が出るというのは当然で、利益が出んようでは商売人として失格です。ましてや、利益が出ているのに脱税するという人は論外です。

そして、雇用。雇用も大事ですけど、自社のために雇用しているということを忘れてはいけません。雇用ができなくなったら会社は消えてしまいますから。「世間よし」というのは「社会貢献」、自分の利益のためではなく「人のため」にするということです。

このような「三方よし」をしっかりと、同時にやっていこうと心掛けています。

次の「若い人を積極的に採用したいか？」という質問、これは大事なことです。若い人を採用できないということは、若い人から見て魅力のない企業、価値の低い企業となりますから、私にとっては大変厳しい状況になります。

ところで、我が社の宝となっている「別家制度」の話をさせてもらいます。「別家」という言葉、初めて耳にされると思いますが、実は、別家はみんな弊社のOBなんです。昔風に言うと「番頭さん」です。一五〇年にわたる番頭さんの写真が本社の役員室（別家室）に飾られています。そして、それぞれの写真の下に名前と経歴が書かれています。ツカキグループにとって最大の功労者で、毎月一回、集まります。言ってみれば、OB会のようなもんですね。

もし別家が亡くなったら、「功労者の墓」にお祀りします。もちろん、みんなでお参りもしています。会社にいるとき、会社を辞めてから、そして死んでからも仲間なのです。これって、近江商人にとっては一番大事なことなんです。

こういう話をすると、来社された中国の経営者はポカンとしますが、「三方よし」とか「三分法」とかの話を聞いてるうちに、「ああ、こういうことになるんか」と納得して、急に功労者の碑をつくったりしているようです。

さて、近江商人は、昔、蝦夷地（北海道）開発に尽力しましたが、地元の人たちからは「旅の商人だ」と言われてきました。この話をすると、近江商人はユダヤ人と結構似ていることに気付きます。ユダヤ人は、いろんな国へ出ていったわけですが、生活習慣をあまり変えません。考え方や生活習慣をそのまま維持して、土着化しないと言われています。独自の生活習慣と考え方をもち続けるスタイルは、日本中、世界中で見ても、結構嫌われるかもしれませんね。

それだけに、よほどの社会貢献をしないと世の中から好かれません。他人の倍頑張って、地元の競争相手をなぎ倒していく。そのうえ、ちょっと変わった生活習慣があったら排斥したいと思われる。独自のスタイルを貫いて、頑張って競争に勝っても、よほどの社会貢献をしないと世の中からつまはじきに遭ってしまうんです。だから、先ほどお話しした近江商人にとっての社会貢

役員室に飾られている約40人の別家。写真の下に、それぞれのプロフィールが添えられている

献は重要なことで、切実な問題になるんです。これが、私たちにとっての真実です。

そして、「歴史の旅人」。先ほど言ったように、一五〇年という歴史を行ったり来たりするんですよ。そのなかで、先祖の経験をすべて自分のものにして、自分なりのエッセンスをもつわけです。こういう意識が大事です。歌舞伎役者の例でも、「何代目！」と言われてうれしいのは、先祖の芸を全部習得し、さらに精進を重ねるうちに個性が滲み出てくるようになってからです。常に、ベースには先祖がある、ということです。

それから「セルフマネジメント」。これは大事ですよ。先ほど「ピンチ」と「チャンス」の話をしましたよね。上から目線であれば、財産をちょっと持っていても、下がり出したら「うわわわーっ」と思ってピンチな状態しか見えなくなる。身体がすくみ出してストレスでいっぱい。もう、死にたいような気分になってしまう。そんな精神状態を近江商人はもっとも嫌います。だから、ストレスから絶えず解放される必要があります。そのためのポジティブ・シンキングです。人生は「時間と興味とおカネの使い方」と割り切って、

毎年秋、京都・大谷祖廟に集う別家のメンバー

いい人生を終えたいなあーと願うわけです。

では、次は重要な事業承継の問題です。「老舗」の家族や、大学で研究されている人にとってはかなり大事なテーマとなります。私の父（五代目）と私（六代目）がどういうふうにして相続し、バトンリレーをしたのかという話をさせてもらいます。

父は二二歳で入店しましたが、前述したように、六年半戦争に行きました。戦後の昭和二一年に旧民法で相続手続きをしております。旧民法では、戸籍謄本に、塚本四郎が塚本喜左衛門になると一筆書くだけで家督相続です。それで終わり、あっさり代が替わります。祖父の名前（喜左衛門）が父になったら、祖父の家督（財産）も全部父のもの、となったわけです。

私の場合はというと、新民法、いわゆる戦後の民法ですから、旧民法と同じようにはいきません。さて、どうなったかという話になります。

一九八四年に親父（七七歳）が会長となり、私（三六歳）は社長となりました。その前に、私は二七歳で「ツカキ株式会社」を設立していますから、このツカキ株式会社の社長職をすでに四五年やっていることになります。ちなみに、親会社の「塚喜商事株式会社」の社長は三六年間やっています。中小企業の社長というのは長いんですよ。ひょっとしたら、死ぬまで社長という人もいます。

仮に引退しても心配ごとは尽きません。たぶん、死後も会社の行く末を心配するでしょう。もし、子孫がいらんことしよったら霊で出てきて、「お前、もっとしっかりせんか！」と言うて、そいつの肩を叩きに行く必要があるんです。難儀なことですが……まあ、そういうもんでしょうね。

「襲名」という一種の儀式がありますが、「一九八四年、『喜左衛門』を襲名し、社長へ」で事業承継は終わり、という簡単なもんやありません。親父が会長になったとき、「今までどおりにしてください。私の名前は喜左衛門から四郎になって、せがれが喜左衛門を継ぎましたが、今までどおり、よろしゅうお願いします」と言ったので、すべて今までどおりいくわけです。「これだけでは事業承継になってへんな」という、よくあるパターンです。

つまり、大事なのは「実権委譲」です。やっぱり、会社の実権は取りにいかんとあかんもんです。棚からぼた餅――親父さんが社長やから、息子は棚からぼた餅が落ちてくるのをただ待っているだけ。大概の場合、そういうぼた餅は受け取る前に地面に落ちてしまうものです。砂地に落ちたら食べられません。

では、どうするか。棚に手を伸ばして、自ら取りに行くんです。実権は取りに行かんとあかんわけです。当たり前の話であり、ごく自然な成り行きです。

次に必要なことは「自社株の承継」です。株が安くなったときに、今がチャンスと思い、私は親父に、「親父の株を私に売ってくれ、今やったら安いから、相続税対策になるから売ってくれ！」と言いました。すると、親父が不機嫌になったんです。返事もしよらへんのです。

「これ、絶対ええと思うな……」と私が言うと、

「お前、わしが死ぬのを待っとるんか！」と、親父が返してきました。

うちの親父、結構インテリで、京都大学を卒業しているんです。だから、そんなに頑迷固陋（がんめいころう）とは思っていませんでしたが、その親父が「わしが死ぬのを待っとるんか！」と言ってきたわけです。その瞬間、親父がつむじを曲げている、と思いました。それで、説得方法を変えようと判断して、税理士の先生に相談しました。

税理士の先生、上手なものです。親父の機嫌がよくなるように配慮して、次のように言ってくれました。

「あなたのしてきた栄光、成功が末代まで続くようにするにはどうしたらよいか。あなたの成功を次の代へ、その次の孫の代へ繋ぐにはどうしたらよいか」

私と同じことを言っているんですが、これを聞いた親父は、「そらそうや、そうしよ」のひと言でした。釈然としませんでしたが、成功は成功です。まあ、税理士さんのおかげですが、親子やから成立したんでしょう。

でも、「財産の継承」という問題が残ります。株を売るということは、親父にお金が渡るわけです。となると、親父が死ぬときには相続が発生します。事業承継という大きな問題は解決しましたけれど、のちのち相続という問題が発生します。私には姉が三人もいましたから、遺産分割

同意書にサインをもらうという問題が控えていました。これもまた、うまく切り抜ける必要がありました。さらに、親父の財産の半分は母が受け取りましたから、次の二次相続、つまり母の財産の相続も問題になりますが、これも何とかうまく済みました。

　この話ですが、一九八四年の社長交代から母の財産相続までの、一連の流れを終えるまでに何と二五年もかかっているんです。事業承継とか財産云々ということは気合いじゃ片づきません。「親父の死ぬのを待っている、譲ってくれるのを待っている、棚からぼた餅」、そんなことではあかんのです。時間をかけて解決しなければならない問題が山積みで、それに対処することが誰もがくぐることになる事業承継なんです。

　とはいえ、別に難しい話じゃありません。プランニングの必要があるということです。うちの場合、メインのシナリオは世の中によくあるものでしたから、本当にラッキーだったと思います。

　さて次は、「地域から学ぶ」という話ですが、その場所は「五個荘（ごかしょう）」という、映画のロケで使われそうな「昔の村」です。

　お配りした小冊子には「近江商人屋敷」と書かれていますが、そうしたお屋敷はもちろん役所が管理しています。そこには、家訓とかがいっぱいあって、「ここで勉強せえ、先祖が何をしたかを勉強せえ」というわけです。言ってみれば、地域の教育機関です。

　町には堀割がありまして、鯉が泳いでいます。この一角に塚本喜左衛門宅があります。まあ、典型的な田舎の家です。明治初期に建てられたような、古臭い田舎の家です（第６章参照）。座敷に家訓が掛かっていますが、これについてはのちほど説明をします。

離れ座敷があって、庭があって、滝があって、川が流れて……近江商人の家はこうなっているという、典型的な例です。田舎のお祖父ちゃんやお祖母ちゃんが住んでいる家はこんな感じやなー、と思われたでしょうか。江戸時代のような雰囲気が醸し出されています。もちろん、蔵もあります。

こういう地域には、先祖代々の家がそのまま残っていて、今も現役なんです。同じように、地域ぐるみで近江商人の博物館を管理しています。それぞれの家に家訓があったりもするのですが、近江商人は結構リアリストですから、家訓の一つに「事業の邪魔になる人」に関するものがあります。

どういう人が事業の邪魔になるのかというと、酒ばかり飲んでだらしない人、朝が遅い人などで、そういう人は「追い出せー！」というわけです。事業の邪魔になる人やネガティブな人は不要、ということです。

五個荘にある塚本家本宅の離れ座敷

それから、近江商人は失敗の事例研究とかが結構好きなんです。だから、先祖を称えるだけでなく、先祖の失敗もケーススタディとして勉強をするんです。

次の写真は小学校の石碑です。公立の五個荘（ごかしょう）小学校です。

六心の訓

一　はい
一　すみません
一　ありがとう
一　私がします
一　どうぞ
一　おかげさまで

「六心の訓」の碑

と書かれていますが、どっかの百貨店の接客用語みたいでしょう。いかにも近江商人の里やなあーとなりますが、地域が近江商人の里として子どもを育てているという典型です。また、寺や神社を中心にしたコミュニティーの結束が強いです。教育に対しても寺や神社の役割が大きく、熱心にかかわっています。

家訓と生活習慣については、先ほども述べましたように、「幸せを永続させるには」という大事なテーマがあります。一番目が「互譲と融和」です。弊社の家訓は「積善之家必有餘慶」と漢詩で書かれています。「積善の家に必ず余慶あり」と読みます。善い行いを積む家やお店には、必ず子孫に慶び事があるということです。早い話、社会貢献をしっかり積めれば繁盛すると言っているわけです。

弊社の家訓は、「金儲けが第二」とはまったく違っていて、「社会貢献」が究極の目標なんです。そして、みんながこれを実践しているわけです。

その第一は「互譲と融和」。これについても、「競争に勝て！」とは書きません。才覚自慢、それから負けじ魂などは、お店とか組織を壊す原因になる。このような自分の「強み」と思っていることと「弱み」は両刃の剣になるから互譲と融和をして、才能のある人も「みんな仲良くして、頑張りなはれ！」というのが一番に来るんです。

本宅に掛けられている家訓

第二は「倹約と早起き」。私は朝三時半に起きてるんですよ。三時半に起き、四時くらいから仕事をはじめまして、会社へは朝六時半に行っています。こんなことを言うと、そういう会社には就職したくないと思う人もいるかもしれませんが、これは私の生き方ですから……。「家訓」というのは、そのまんま実行しないとあかんわけです。

それから三番（楽しみごと、芸事を慎み、無益な人との交際はやめる）、四番（世間よしを実行し、世の中に役立つことが人生の使命）は見てのとおりです。

これは掛け軸でありまして、初代、二代、三代目という、非常に含蓄に富んだ話が描かれています。

日本人の掛け軸に対する感想、「初代の精神を忘れてはいけない」、「志、世の為、人の為に尽くし」よりも、中国人の「富は三代続かず」、「親苦労、子楽して、孫乞食す」という感想のほうが分かりやすいでしょう。

三代の図

下から絵を説明すると、初代は黙々と働いています。二代目は、お茶やお稽古ごとに一生懸命になって、あんまり仕事をしてない。三代目は生活が破綻している。

「富は三代続かず」です。

私の親父（第5章参照）は、ちびた鉛筆を瓶にたくさん貯めていました。シャープナー、鉛筆削り器で削るところまでいきません。ナイフで鉛筆を削っていたんです。親父は、朝三時に起きて仕事をはじめていましたが、まずは鉛筆削りに一〇分、一五分かけまして、それから「えい、やー」と仕事をしていました。まあ、倹約に対する執念とでもいうのでしょうか。

「才能より努力、努力より習慣」、これもよく言われることですが、一時の運を開くのが才能、人生を豊かなものにするのは努力。しかし、次の代まで栄えるもとは、家族に根付いた、努力を続けるという生活習慣となります。

「儲ける」（伸びるときに伸ばす、落ちるときに踏ん張る、三分法経営、倹約）、「貯める」（しっかり貯める、資産の三分法、人材という資産）、「次代へ送る」（後継者教育、相続税）、このあたりは極めて大事なこととなります。

ちびた鉛筆

うちには、せがれが三人いますが、朝七時から勉強会をしているんです。それぞれの「強み」

と「弱み」を話したりするのですが、兄弟やからあけすけに言うんですよ。「あんなことしたらあかんで」とか。その延長として、「家族の役割」と「後継者教育」について少し説明しますと、両親と祖父母で育てる、家族がかりで後継者の教育をするということです（第５章参照）。「次の代へ何を残すか」。まずは、家訓と自分の生き様を残していかなあかんわけです。それから「世間よし、社会貢献の足跡」を残さんとあかん。「三方よしのビジネスの実績」も出さなあかん。それから、「お金儲けのコツと三方よしの精神、人の倍働く生活習慣」です。あとは、「バランスのいい財産」ということです。

いよいよ、最後のお話となります。

「何が一番大事か？」の話ですが、第一は「財産はバランスよく三分法。流動性を高くしていつも磨きをかける」ということです。まあ、土地であろうが、株であろうが、なんでもそうです。実は、弊社はビルを約六〇棟所有しています。当然、マンションも傷みます。それをどのように修理するのか。これって結構大変です。目の前には本業がある、株もある、となると、いろいろなことに通じていないとあかんということになります。そして、「相対価値を上昇させる」というのは、含み損をつくるな、「相場に勝て」ということです。

第二は、「そして我が身は」となります。人は病気もするし、歳もとるし、仮に儲かると、だいたい怠けるもんです。そういうとき、病気をしてもへこたれない、歳がいってもそれなりに通用して頑張れる、変わらぬ自分をもつという姿勢、これが重要なんです。

と言いながら、第二次世界大戦とかがあったりすると、こんな財産三分法も木っ端微塵になることがあります。変わらぬ自分といっても、交通事故で死ぬ場合もあるでしょう。第一と第二は、自分にとっては大事なミッションですが、無一文から出発するには、家族の愛情、社員仲間の信頼、それからお取引先の信用が欠かせません。だから、人生において何が大事かというと、「お金以上にこういう絶対価値である」というのが近江商人であります。

ということで、今日のお話を終わらせてもらいます。長い時間お付き合いいただきましてありがとうございました。

質疑応答

田中准教授　ありがとうございました。私自身にとっても、生きていくうえでの教訓になるようなお話をたくさんしていただきました。残りの二五分は、ディスカッションにあてます。まずは、学生さんから質問お願いします。

田口（学生）　経済学部二回生の田口と申します。お話ありがとうございました。ピンチをチャンスに変えるという近江商人のモットーをお話されたと思うんですが、今回の新型コロナに対してはどのようなチャンスがあると捉えていらっしゃいますか？

塚本　手前どもは、組合事業で毛皮のファッションショーをやっています。実は、私、その実行委員長を長くやっています。いろいろなデザイン学校から応募された三〇〇〇人くらいの学生さんから一〇人くらいをピックアップして、デザインコンペをやっていたんですが、会場のホールに、三〇〇人が入るのは密になるからダメとなったんです。じゃあ、WEBに切り替えようと。そうなると、ロンドンの人も見たいし、コペンハーゲンでミンクをつくっている人も見たいとなります。

さまざまなスーパーブランドのファッションショーも、これまでの大金持ち数百人を相手にしたようなビジネスモデルから数十万人に最新のファッションを見せるスタイルに変わってきました。そうすると、コロナが収まったらどうなるか。元には戻らないんですよ。次のステップへ進む。コロナによって凄い弾みが付くと思うんです。WEBを活用すると本当に桁が違いますよね。

田中　まさに百円玉の話とリンクするような話です。

松本（学生）　経済学部三回生の松本です。塚本さんが一九七二年に入社されてから、襲名され、社長になられるまでに苦労したことと大事にされてきたことは何でしょうか？

塚本　入社時は二〇代でしたから、新しいことをしようとします。すると、古参社員が親父から習ったこと、つまり三〇年くらい前の成功パターンと、私が言うことが食い違います。そうすると、大概気に入らないんですよ。だから、古い番頭からは、「息子がごちゃごちゃ、ごちゃごちゃ言うてかなわん。そんなん、台無しやんか」と言われました。古いことが新しくなったらええと思うんですが、許せんわけです。もちろん、そういうもんだと思っていたので、違うチームをつくって、違う取引先を開拓していったらええとなるわけです。既存のお客さんに売り込もうとするといろいろな軋轢が生まれます。でも、フロンティア精神で頑張ろうと思ったら、あんまり苦になりません。そんな経験をしました。

辻田教授　別会社を先につくって社長をされましたよね。それが、おっしゃる新しい事業にからんでいたんですか？

塚本　はい、そうです。

石田（学生）　経済学部四回生の石田です。相続などの話の結論として、権力は黙って待っていてもダメで、取りに行かないといけないとおっしゃいました。ちょっと失礼なお話になるんですが、次にご自身の番になったときは、どのような理想の引き継ぎを想定されていますか？

塚本　まあ、せがれは生意気ですからねえ。叩き潰さなあきませんね。何度も言いますけど、禅譲、うまく謙虚に譲り渡すというのも大事ですが、大概は商売が小さくなります。そやから、ある程度のチャンチャンバラバラ、先代との闘争は大事やと私は思っています。その逆を言うと、棚から落ちてくるぼた餅は毒饅頭だと。さっきの話やないですが、自分で望むものを取りに行かんとあきません。それが、事業承継の根本だと思います。何か、お家で商売されているんですか？

石田　いえ、していません。ありがとうございました。

赤堀（学生）　経済学部の赤堀です。名前を継ぐってことは、先祖と一体になるということですが、そのとき、どのような不安がありましたか？

塚本　私は一人息子で、姉三人の下、末っ子の長男です。姉とは年齢が離れとったんで、養子を迎えるという話になったんですよ。近江商人は、老舗の場合、四割ぐらいが養子さんなんですよ。残りが実子ですが、実は養子のほうがうまくいくんです。謙虚で、勤勉ですから。一方、息子の場合は、何をしても「わしの勝手やろうが」ってことになって、大概めちゃくちゃにして、しくじりやすいもんです。うちの家は、養子が多い家系なもんで、姉に養子をとるかという話になったんです。

「お前一人ではなかなか難しいやろうから、養子をとろうか」

私は小学生やったけど、「いらんわ、そんなん！　いらん、いらん！」と生意気なこと言うたら、「将来ケンカしよったら困るから、ほな、養子はやめよう。その代わり、お前一人でやれよ」と言われました。

小学生でも、言ってしまった手前、頑張らんとあかんわけで。でも、あんまりプレッシャーとかは感じませんでした。まあ、できるだけ事業承継にあたっては、ストレスのない、自分が選んだ形じゃないとしんどいでしょうね。

増田（大学院生） ツカキさんがグループとしていろんな商品を扱い、多くの事業をされていることがとても印象深かったのですが、今の事業内容に満足されていないのですか？

塚本 全然、全然。

増田 満足していない理由は何なのでしょうか。また、今後どのように対応していこうとされているのですか？

塚本 やっぱりね、いろいろと商品には栄枯盛衰があって……。いいと思ってやったものがなかなか受け入れられず、世の中の流れに反する結果になったりもします。インバウンド（訪日外国人客）を当て込んでいろいろやったのに、コロナ禍で全然外国人が来ないとか……。いろいろな問題が起こりつつ、新しいことがありつつ、解決せなあかんわけです。

そして、現在の西陣織。増田さんも研究している西陣織は、言うまでもなく織機に課題があります。織手を育成しないといけませんし、設計図もつくる必要があります。一番の問題は、織手の老齢化です。仕事がたくさんあるなら若い人を入れたらいいわけですが、その仕事がなかなかありません。それに、若い人を入れたら年配の織手の競争相手になる。そんなん、嫌じゃないですか。年配者からすれば、若い人は来ないで、となる。そんな環境下では、なかなか若い人が育ちませんよ。これは、西陣織の産業全体が抱えている問題です。このような状況下で商品開発をして、お客さまに喜んで買っていただき、次の世代を養成する。こうした善循環を導き出すことが、本当に、本当に大事なこととなっています。

もう一つは織機です。西陣織は、二〇年、三〇年前までは世界一の先端技術であった精密織りやったんですが、世の中では半導体技術がどんどん進んでいます。となると、メカトロニクスであるジャガードの織機は古びていきます。機械自体が老朽化するという問題もあるし、エレクトロニクスの進歩にもついていけていない。日本の伝統産業には、こういう問題もあります。

じゃあ、織機を最新のものにすればいいのかというと、織っているのが年配者やから、新しいことをしたら織る人がついていけません。悩みどころですが、織手の問題よりも機械の近代化のほうが重要ですかね。

このような環境下で、より新しいマーケットにあった商品開発をしていかないといけない。一間（約一・八メートル）つくるのに一〇〇〇万円くらいかかりますから……うん、なんか悩み相談みたいになってしまいました。

そう、美術館のチケットを二枚お配りしていますから、興味がある方は来ていただけるとうれしいです。「商品になったらこうなるのか」と実感してもらえます。伝統産業、伝統工芸を見ていただいたら、納得していただけると思います。是非、遊びに来てください。

チケット

赤堀　塚本社長は、私たちと同じ大学時代にはどのようなことを考えていたのですか？　僕たちに向けて、ひと言アドバイスをいただけたらうれしいです。

塚本　私の大学時代、三回生のときには「全共闘」というのがありまして、大学が封鎖されたんです。構内の時計台が炎上したりして、三回生の後半から四回生にかけて、一年ちょっとくらい授業がありませんでした。ゼミだけはやっていましたが、ヘルメットを被った学生が大学にワーッと来て、火炎瓶が飛び交うという時代でした。

その当時はリモートなんかありませんから、一年半の間、クラブ活動もないし、授業もなかったけれど、ゼミ活動だけはあちこちでやったなあーという感じです。無事に卒業だけはしています。

コロナ禍で学生さんも大変やと思います。私らのときも、授業もなかったし卒業式もなかった。その当時の新入生は、もちろん入学式もありませんでした。ちょうど、みなさんと同じようなことがあったわけです。世の中、こんなことがあるもんなんです。でも、みんなが無事に卒業して就職しているわけですから、大したことはありません。答えに全然なっていませんが、こんな歴史を踏まえて、みなさん頑張ってください。

橘（学生）　経済学部二回生の橘と申します。別家制度の話を聞いて驚いたのですが、それは世界的にも珍しいものなのでしょうか。中国の人がひどく驚かれたそうですね。また、別家は、会社を応援、監視するともおっしゃっていました。社長や幹部社員の方が問題を起こせば、罷免とか弾劾とか、そういう機能を具体的にもっているんですか？

塚本　よくぞ質問してくださいました。近江商人は、「当主は先祖の手代と思え」と言っています。店で働いている人の地位でいうと、上から大番頭さん、番頭さん、手代、丁稚となりますから、手代というのは普通の会社の係長くらいです。となると、当主は先祖の係長ですから、非常に地位が低いわけです。それだけ、先祖を尊んで、道を外すな

活発な質疑応答

いう人たちは親戚よりも大事にせなあかんということで、それ以外に「道楽息子、押し込め隠居」というのもあります。

　こんな場合にどういう会議をするかというと、もし、そのときの大番頭、つまり専務が非常に横暴だったとすると次のようになります。

「どうやら大番頭は、仕入先から祇園に連れていってもらったりして、接待や饗応を受けているようやな」と、別家が協議するわけです。

「どう思う？　今の大番頭」

「わしらの若いときはあんなことなかった。偉そうやし、横柄やし、仕入先をつかまえて酒を飲みに行って、祇園まで行って遊んでばっかりおる。もう、ちょっとあかんで。交代させせんとあかんで」

　となり、その当時の隠居さん、つまり会長に進言するわけです。

「ちょっと大番頭の評判が落ちてまっせ！　ちゃんと見てはるんでっか！」

「ちょっと、そこまでは目が行き届いてない……」

「もう、代えてもらわないとあきまへんな」となるわけです。

　これが息子、道楽息子やったとします。

「どうや息子？」

「あかんの違うかあ。番頭が仕切ったほうがええで」

「どうしたらええねん⁉」

「捨扶持を与えて、押し込め隠居させたほうがええんちゃうか」

となります。捨扶持というのは、役に立たない人に捨てるつもりで与える給料みたいなもんです。それにしても、キツイ話です。「押し込め隠居」ですよ。もちろん、座敷牢に入れるわけじゃありませんが、経営者の息子に「役立たず」という烙印を押すわけです。

別家が、ここまでやるという話です。江戸時代に、大久保彦左衛門とか水戸黄門とかがいましたよね。ああいう人の役割を果たすのが、こういう別家なのです。

先日、野村総合研究所の人がこの話を聞いて、「現在の経営チームに、前の経営チームの人たちが知恵や予見を与えている」と分析していました。もちろん、応援もするけど監督もしているということです。場合によっては、「実力行使」もあります。

要するに、次の経営チームをどうするかと、前の時代の経営チームが監視監督をしているということです。私も、非常に有効なことやと思っています。

田中　塚本さん、どうもありがとうございました。

＊＊＊＊＊＊

普段の授業では見られないような学生の表情を前にして、教員側もちょっとうれしくなってくる。塚本社長の話しぶりから、長く続く会社のリアルな様子や、そうした会社を支える人々の生きざまがうかがえたからであろう。このような機会を定期的に設けることによって、卒業後の社会人としての自らのありようにも想いを馳せるようになるのではないだろうか。学ぶ意味を見いだし、学ぶ姿勢を身につける学生が増えることを期待している。

第2章

学生たちが見たツカキグループ

本社を訪ねて

ツカキグループ本社に並ぶ感謝状や表彰状

本章では、ツカキグループの塚本喜左衛門社長の講演を踏まえ、学生が考えたり、調べたりしたことを中心に記載していく。コロナ禍の影響で学生の学外活動は制約されたが、受講生を代表して、数人がグループ本社や塚本家本宅がある滋賀県の五個荘（ごかしょう）を訪問した。以下では、まず塚本社長の話を聞いた学生の率直な感想を読んでいただこう。次いで、塚本社長に案内してもらった本社を紹介していく。

講演を聴いた学生たちの感想

塚本社長の講演直後に何を感じたかを学生自身にまとめてもらっている。そのなから、一部を紹介していきたい。なお、書籍化するにあたり、一部表現などを変えていることをお断りしておく。

経営者としての考え方に聞き入りました。物事は、捉え方によってピンチにもチャンスにもなりうることを学びました。そして、これまでの時代に適応して会社を継続してきた経験や能力を感じました。うまくは言えませんが、熱意などがまるで違う別世界の方のように感じられ、「将来はこんな大人になりたい」という一つの目標にもなりました。

近江商人についても新たに多くのことを学びました。権力は自ら取りに行き、事業の邪魔者は追い出すなど、近江商人の性格や考え方を知ることができました。「実際に、自分の代を継がせるときはどうするのか?」という質問に対しての、「やはり対立するだろう、そんな甘いことではない。しかし、その対立も必要だと思っている」という言葉が心に残っています。経営者、社長の考え方に聴き入った時間でした。（**坂山**）

とくに印象的だったのは、「ピンチとチャンスは表裏一体」ということです。今までの人生を見つめ直すと、ピンチになったとき、マイナス状態から脱却して元の状態に戻すことに一生懸命で、一気にプラスへ動かすという考え方をもち合わせていませんでした。それだけに、塚本社長の話はとても参考になりました。（**佐々木**）

講演を聞いて、将来に活かせそうな考え方や生き方が学べてよかったです。一番印象深かったのは、「ピンチをチャンスにという考え方」と、「変わらぬ自分をもち続ける」ということ、そして「人生の絶対価値を見失わない」ということです。老舗企業としてだけでなく、人間として人生を見据え、しっかりとした軸をもって活動していらっしゃることが心に響き、私も見習いたいと思えました。

ツカキさんが現在も存続しているのは、こうした考え方と、またそれを理解して共に歩んできた社員たちの、結束の賜物だと感じました。「継続は力なり」という言葉が頭に浮かびました。

今回は質問ができなかったのですが、次の講演では、私が感じたことや疑問に思ったこと、大事だなと感じた点を聞きながらメモに取るようにしたいと思います。（清水）

講演を聞かせていただいたなかで、近江商人の経営理念の奥深さについて関心をもちました。近江商人の経営理念は「三方よし」が代表的です。塚本社長も、「売り手よし・買い手よし・世間よし」の取り組みについて詳しく語られていました。

一般的な「世間よし」は、人材の雇用や納税といったものですが、近江商人はそこに社会貢献が加わります。それは、非土着性で、商売の地にゆかりがないという近江商人ならではの理由から来るものであり、商売を成功させるためにも地域貢献がとても重要であるということを知りました。

「三方よし」を中心として、私が知らない経営理念はたくさんあるようです。講演では、「過去に学ぶ」と「近江商人のリアリストぶり」について紹介され、ピンチをチャンスに捉える精神をもつ近江商人は、過去の研究も怠らないというお話でした。成功研究だけでなく失敗研究もすることで、現実に状況が悪化することがあっても「底」を見抜くことができる！　そこから来るポジティブ・シンキングなどのセルフマネジメントが、今日の近江商人系譜の企業の成功につながっているように感じました。

さらに近江商人の理念を掘り下げることができれば、今後の私自身の人生にも活かせるように思いました。（**田口**）

西陣織だけでなく、さまざまな事業を展開しているツカキさん。老舗ならではのこだわりや大切にしていることが分かっただけでなく、ツカキさんが独自に積み重ねてきたことを知ることができました。とくに興味深かったのは、「棚から落ちてくるぼた餅は毒饅頭」という話と、コロナ禍に対する捉え方でした。

「権力は、待っているだけでは受け取れず、失敗する」と言っておられましたが、長く続いてきた企業のトップだからこその貴重なお話だと思いました。また、コロナ禍で予定していたファッションショーについても、三〇〇人収容の会場を貸切って行うものをWEB媒体での配信に変更し、今後の活動のきっかけになったとおっしゃっていました。「ピンチをチャンス」にという言葉を、大切にされている素晴らしい企業だと感じました。（**竹村**）

塚本社長のお話を聞かせていただき、興味深くかつ印象的だったのは、「棚のぼた餅は自分

から取りに行け」です。

私自身、将来就きたい職業があります。父と同じ職業です。そのためには、やはり自ら行動しないといけないと痛感させられましたし、意欲的に物事を考えて取り組むことと、行動に移すことの大切さを学びました。（**増田A**）

お話を聞いて一番印象に残ったのは、老舗企業としての伝統の強みでした。とくに、先祖の経験を現代に活かしているので、自分には一五三年分の歴史が詰まっている、という話に驚くしました。さらに、襲名の際、信用にかかわるので戸籍からすべてを変える話からも、老舗企業のトップとしての覚悟が伝わってきました。

これまで「老舗の伝統」と聞いてもあまりピンとこなかったのですが、今回の講演で、伝統の素晴らしさや老舗企業の強みを知ることができ、これからもっと調べていきたいと思いました。（**松井**）

今回ツカキさんを担当することができて本当によかったと感じております。社長から直接お話を聞かせていただく機会、質問をさせていただく機会は、この授業でなければなかったと思います。

社長は多くのことを話してくれましたが、そのなかで一番印象に残っている話は「生活習慣」についてです。受講生みんなが驚いたのは、社長が三時半に起床していることだと思います。ほとんどの人が寝ている時間帯に起きて活動していることが、「人の二倍働くという生活習慣」につながっています。私は社長に尋ねました。

「毎朝、三時半に起床していても、起きられない日やしんどい日はないのですか？」

そうすると社長は、「もちろんあるよ」と答えてくれました。それでも、毎日のルーティーンの積み重ねが儲けにつながり、高いモチベーションを保ち続けるのだという話が心に響きました。

そんな社長の生活習慣は、鉛筆をちびるまで使われた、父親譲りのところもあるのかなと感じました。そして、毎朝早く起きる人は人生を充実させており、時間の使い方が上手で信頼される、ということも学びました。

社長は、何よりも時間を大切にされていることが分かりました。最後に、本社を訪ねる現場フィールドワークまで少し時間があるので、自分で調べられるところはしっかり調べて、講演で気になったところや、まだ聞けていないみんなからの質問を、代表して尋ねられるように充実した時間を送りたいです。（赤堀）

塚本社長ご本人から直接お話を聞く機会など本当にないと思います。経営やご本人の個人的なお話はとても興味深いものでした。

とくに大事だと感じたのは、近江商人の心得や教訓がツカキさんに息づいていることです。経営方針に、近江商人の「三方よし」がまるで西陣織のように随所に織り込まれており、直接的な経営面やメンタル面、そこから派生して習慣や継続力、積極性や過去に学ぶことなどに活かされていることが分かりました。

すごいなと感じたのは、塚本社長の「フロンティアスピリット」と称されていた実行力・行動力です。一つのことを永続的にやり続ける継続力（午前三時半起床など）と意志の強さ。どちらも、まだまだ自分には足りないことです。やはり一つの組織を運営されている方は、責任感も意識の高さも段違いだと思い知らされました。一人の人間としても大切なことを学べ、今後の自分に活かしていきたいと強く感じる講演でした。（**松本**）

初めて老舗企業の経営者から直接お話を聞き、新たな発見がありました。滋賀県が近江商人のふるさとで、伊藤忠商事やヤンマーなどが滋賀県発祥の老舗であることを知りました。ツカキは「三方よし」という精神で、自らの利益のみを求めることなく、多くの人に喜ばれる商品を提供し続け、信用を獲得されています。このような昔からの経営理念は現代の経営者たちが

見習うべきだと感じました。

周りと信頼関係を築くことができたら、利益は後からついてくることに納得しました。また、旧事業を守りつつ、新しい事業を展開していくことも生き残るポイントだと気付きました。「**才能より努力、努力より習慣**」という言葉が印象に残っています。倹約や早起きなどの習慣は、簡単に見えますが、実践するのは容易ではありません。先代の精神を継ぎ、過去を学ぶことこそ、老舗企業の真の強みなのではないかと思いました。（馬）

近江商人の心得をもつ経営者がどのように経営をし、何に興味があり、どのような視点で先を見ているのかについて知る機会となりました。

ツカキは、老舗企業のなかでもグループ経営をしている点が特徴的で、常に挑戦を続け、既存の事業から得たノウハウをもとに新たに参入する事業を選び、どのようなアプローチで軌道に乗せるかを熟考したうえで手堅く事業を拡げています。しかしながら、社長は、「現状にまったく満足できない。より良い企業にする構想は絶えない」と言います。

幼いころから近江商人の心得を学ぶ機会が地域にあふれており、それが自然であったというお話を聞いて驚きました。近江商人の心得に幼少期から触れさせ、自然と刷り込んでいくのです。

一〇〇年以上にわたって幾多の荒波を乗り越え、何人もの人がバトンをつなぎ、変わらないものを守りながら時代に合わせて生き残っている企業から、未来を生きる私たちが学ぶべきことは多いと思います。掘り下げたいところを整理し、現地でのフィールドワークまでに準備したいです。

また、老舗企業に関する基本知識とツカキグループの経営理念の背景に関する学習が乏しかったことは反省点です。老舗にはどのような企業があり、どのような経営方針や経営理念のもと、これまで事業を存続させてきたのか。この点を正しく理解しておかなければ、ツカキと他の老舗企業との比較ができません。

経営者の方にお会いし、生の声を聞く機会を得たにもかかわらず、質問が甘く、老舗企業の本質に十分触れることができませんでした。また、近江商人について、もっと深く学習しておくべきでした。近江商人の心得が経営理念になり、代々続く経営者としての基本軸になっています。その心得を後世へつなげている、それがツカキの魅力の一つだと思います。

老舗企業としてその背景に何があり、その背景をどのように捉え、これまで活かしてきたのかを知ることが重要で、通り一遍の理解ではなく、根本にある「譲れない信念」や、これまで生き残るために乗り越えてきた「苦しみ」、さらに「老舗という重圧」を知ることが、この授業の楽しみ方であるように感じます。（**増田B**）

学生たちがツカキグループ本社を訪ねる（二〇二〇年一一月一八日）

塚本社長の講演を聴いた一か月後、学生たちがツカキグループ本社を訪ねた。もちろん、授業の一環であり、講演で聴いた話をベースにして、さらに見聞を深めるためである。

実際、誰がどのような仕事をしているのだろうか。どんな商品をどこに販売しているのか。職場はどのような雰囲気なのか。「西陣織あさぎ美術館」にはどんな作品が展示されているのか。講演を聞いたことで、新たな疑問が次々と浮かび上がってきた。教室で話を聞くだけでなく、現場に足を運び、自分の目で直接確認する、場合によっては体験するというのが、本プロジェクト授業の醍醐味でもある。

ただ、コロナ禍ということもあって人数を制限し、赤堀亘、石田光、田口顕秀、増田梓実（大学院生）の四名、そして担当教員の一人である辻田が伺うことになった。

塚本社長には二〇二〇年一一月一八日の午前中、時間を空けていただいた。午前九時に伺うと伝えてある。滋賀や和歌山からの通学組もいるため、当日は現地集合となった。ツカキグループの本社ビルは「ツカキスクエア」と呼ばれ、烏丸通に面している。この中に、講演でも話があった「西陣織あさぎ美術館」も入っている。四条烏丸から徒歩で数分の距離にあり、「からすま京都ホテル」のすぐ南に位置する。迷う心配はまずない。そう判断して、集合時間は午前八時四五分とした。

「スケジュール厳守」を基本に、九時少し前、学生たちと高級感の漂うエントランスに入り、一階ロビーで受付を済ませた。

ロビーには、社長の趣味と思しき美術品が数多く展示され、洒落た椅子やソファも置かれていて、くつろぐことができる。可愛い埴輪の犬に出迎えられ、緊張気味だった学生も少し落ち着いてきた。

この日の目的は、「西陣織あさぎ美術館」を含むツカキスクウエアの見学と、塚本社長へのインタビューである。現場に来られなかったほかの受講生に後日報

塚喜商事株式会社　住所：〒600-8412　京都府京都市下京区烏丸通仏光寺上ル二帖半敷町661（ツカキスクエア）

告するという使命を帯びた三人の学生は、調査記録用備品として、ビデオカメラ一台、デジタルカメラ一台、ボイスレコーダー二台を駆使して今回の訪問を記録する。

以下では、この日の訪問についてまとめた学生のレポートを紹介していくが、紙幅の都合ですべてを掲載することはできない。また、今回の書籍化にあたり、辻田が加筆・修正を加えているほか、全体の構成を変えている。それでは、学生たちにツカキグループ本社を案内してもらおう。

展示販売会場（八階）

エレベーターを使って八階の展示販売会場に向かうと、塚本社長が迎えてくださった。八階では、呉服以外の取り扱い商品（毛皮のコートや宝石など）を拝見し、「なぜこの商品を扱っているのか」、「どのような技法が使用されているのか」について説明してもらった。

それにしても広い！　ワンフロアすべてが展示場となっており、普段目にすることがないものばかりなので圧倒されてしまう。大阪の人であれば、「これ全部でなんぼなん？」と尋ねたくなるかもしれない。

商品ごとにコーナーが設けられている。それぞれの写真を掲載しながら、塚本社長の説明を紹介していきたい。まずは、毛皮コーナーからである。

塚本　このセーブル（黒テン）のコートは八〇〇万円ほどします。毛皮好きの方がこのような商品をお買い求めになります。これ、楽しい感じがしませんか。触ってみてください。ふわぁとした手触りでしょう。こちらのミンクは、八〇〜一〇〇万円の商品です。

次は宝石のコーナーである。すでに、値段を見ても驚かなくなっている。

塚本　こちらには、宝石がたくさんあります。ここは何かというと、あなたの誕生石で万華鏡をつくりましょう、という体験コーナーですね。お客さまにイベント会場に来てもらい、やってみたいと思ってもらい、その場で体験していただく。誕生石で万華鏡をつくると、誕生石そのものに興味をもつようになりますよね。すると、誕生石のコーナーが気になってくる。さらに、ファッションに触れていると、「おしゃれをしたい」と思いはじめ、商品を見ようと思うわけです。言ってみれば、商売の知恵の出し合いという感じですね。

ここは企画的なコーナーで、あなたに合う色や石は何かと、お客さまの誕生石から、その人が元気になる色、パワーになるものを見つけていきます。ロジックと言えばロジックですが、

8階、展示販売会場・毛皮

このようなものが好きな女性は多いんですね。この色かと、見ているだけで力が湧いてくるもんです。女性にとってはとても嬉しいことなんです。

説得力ある言葉ばかりだが、私たちにはどこか遠い世界である。

塚本　宝石は専門家を相手に商売していることもあって、パンフレットや資料を置いています。このような資料も、しっかりつくり込んでいるわけです。百貨店や専門店に行くと、しっかりした説明をされるじゃないですか。そのためにも必要なんです。

マダガスカルで買い付けた商品もあります。マダガスカル大使館（東京都港区元麻布）とも密に連絡を取っていますよ。商売では、そのような関係性も重要となります。マダガスカルで買い付けているだけではないということです。カカオやバニラといった名産品も一緒に紹介しています。

辻田　ところで、ここには一般のお客さんもいらっしゃいますか？

塚本　小売店や宝石の専門店、問屋さんなどですね。

8階、展示販売会場・宝石

先ほども話に出ていたが、専門家の人が買い付けに来ているのであろう。そのための展示会場ということだ。一般のお客さまだけを相手にしても、そうそう商売が成立するとは思えない。とはいえ、専門店との付き合いとは……まったく想像できない。

次のコーナーは、革製品のようだ。

塚本　レザーといってもいろんな色がありまして、このようなクロコダイルは、手前どものグループ会社で染めています。こうした商品で一〇〇万円程度はしますから、結構、高価なんです。

この染めの技法は呉服から派生したもので、アシックスのシューズで取り上げていただき、化粧品の「ＳＫ－Ⅱ」ではパッケージに利用してもらいました。エルメスでも使っていただいています。このような技法があれば、世界中で使っていただけるということです。

辻田　こちらは「印傳（いんでん）(1)」ですね。

塚本　そうです。この商品を見ていただくと、左の部分が塚喜商事のあさぎ事業部でつくった西陣織で、右の部分が印傳になっています。全部をあさぎで織ってしまうよりも、コラボレーションさせたほうがよいと考え、このような商品をつくっています。

8階、宝石コーナー

これを使ってもらうと、西陣織もえらくかわいいと感じてもらえます。西陣織という世界だけでなく、印傳の世界も見ていただけますし、別のマーケットからのぞいてもらったほうが、かえってよく分かっていただけるということもあります。

革製品が展示されている横を見ると、大きな竹林の写真が飾られていた。何げなく、目をそちらに向けると、塚本社長が話し出した。

塚本　こちらは、竹でつくったショールです。夏場でも、部屋に入ると空調の関係で寒く感じるときがありますので、その際に着ていただいています。消臭効果のある商品で、人気となっています。

（1）印傳革の略で、羊や鹿の皮をなめして染色を施し、漆で模様を描いたもの。袋物などに用いられている。名称はインド伝来に因むとされており、印傳の足袋が東大寺の正倉院宝庫内に見られるほか、文箱が奈良時代の作品として残っている。

8階、展示販売会場・皮製品

8階、展示販売会場・印傳

その右横には、ベッドまで置かれていた。パネルを見ると、「プレミアム竹シルク羽毛ふとん」と「羽毛ふとんリノベーション」と書かれてある。改めて、ツカキグループの商いにおける幅広さを感じてしまう。

辻田　着物を購入いただいたお客さんに、このような商品もお買い求めいただくという感じが分かりました。同一顧客に対して、さまざまな商品を販売されているのですね。

塚本　おっしゃるとおりです。やはり、西陣織あさぎだけを見るよりも、このような形で商品を見ると、弊社がどのようなお客さまと取引しているのかがよく分かると思います。

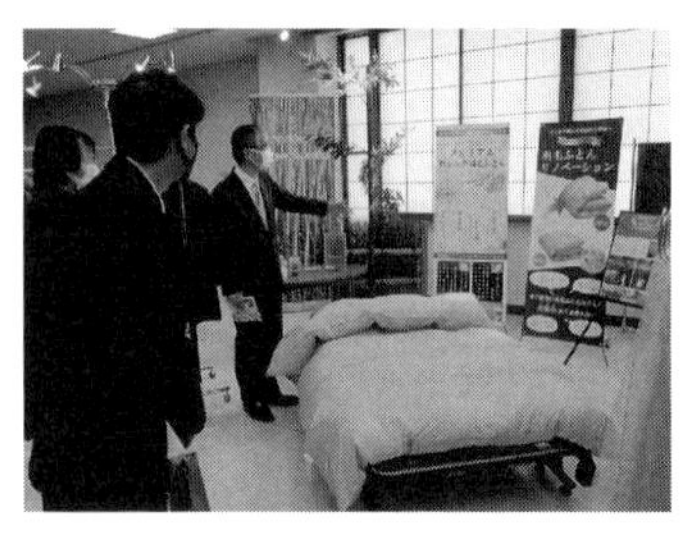
8階、展示販売会場・竹の羽毛布団

住んでいる世界が違う、とは思うが、本物に触れることでさまざまな面における教養が高まる。買う、買わない（買えない）は別にして、機会があれば見に行っていただきたい展示会場である。

六階の応接室

場所を移動することになった。このあとは、六階の応接室での社長インタビューだ。実際に展示物を拝見した後ゆえ、「お客さまの共通点の見つけ方」とか「伝えたいことをどのように伝えるのか」といったコミュニケーションの方法についても詳しく聞いてみたい。気がはやるなか、応接室に入る直前、思いがけなくも塚本社長から美術品について説明を受けることになった。

塚本　呉服関係をはじめとして、いろんなお客さまがいらっしゃいます。お客さまに楽しんでいただけるように、私どもは季節が感じられる飾り付けをしています。このエレベーターホールには、人間国宝の藤原雄（ふじわらゆう）さん[2]作の壺を置いています。この壺を見ると、外国の方は「すごい！」とおっしゃり、日本人は「醤油か何かの壺？」という反応を示しますね。

この壺は、口の部分がへんこ、偏った壺になっています。子ど

（2）（一九三二～二〇〇一）備前焼の伝統を重んじながらも、新しい感性に溢れた作品を追求した。一九九六年に人間国宝（重要無形文化財）に認定。

藤原雄さんの作品

もがこの壺の口に首を突っ込んだ場合どうすると思いますか？

増田　壊さないように、子どもの首を抜きたいです。

塚本　実は、三つの解があって、高価なものだから壊さないようにして首を抜きたいという答えと、人間の命のほうが重要だと、壺を壊すという答えがあります。さらに、首をはねたほうが早いと言う人もいるんですよ。

呉服の世界で、人間国宝は大きなステータスになります。伝統工芸品にとっては重要なことなんです。人間国宝が手掛けた作品を好む方は骨董品も好きということから、このようなものも社内に置いています。

応接室にあるツカキグループの記事

応接に入った途端、塚本社長が増田に声をかけた。

塚本　増田さん、この部屋に並んでいるものについて、何かコメントしてください。

増田　さまざまなものが置かれているという印象を受けました。

塚本　一番気になるものは何ですか？

増田　銅板になっている記事や、立てかけられている記事が気になります。

塚本　銅板には、私のことが書かれており、「三方よし」などの話をした際のものですね。これは、日経ビジネスに掲載された際の記事ですね。ほかに何か気になるものはありますか？

石田　あのパンダが気になります。

塚本　このパンダですか……。少し、持ってみてください。持ってみて、どうですか？

石田　ふさふさしていて、先ほどのコートを思い出しました。

塚本　そうですか……。このパンダのぬいぐるみは本物の毛皮を使っています。パンダの毛皮を使っているわけではありませんし、パンダのはく製でもありませんよ。本物のウサギの毛皮、つまりリアルファーを使っています。

赤堀　これは販売されている商品なのですか？

塚本　中国の方からいただいたものです。もう一匹いたんですが、あるお客さんが「かわいい」とおっしゃったので差し上げました。とても喜んでくれていましたよ。

塚本　この置物は「テンセント」からもらったもので、こちらは「京東」からもらったものです。こうした中国のＷＥＢサービス会社などから、いろいろものをもらっています。このように、さまざ

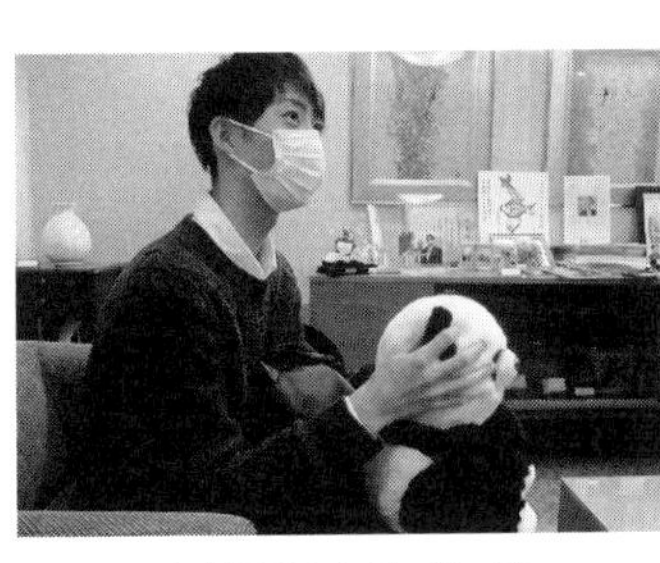

応接室にあるパンダ

まなものを置いているのですが、これは私なりの一つの表現にもなっています。絵が気になる人、置物にひかれる人と、いろいろな方がおられます。さまざまなものがあることでその人の関心事が分かり、その人にあった話題を提供することができます。

ここで、応接室から、同じフロアにある役員室への移動となった。

役員室に掛かる扁額

塚本　この部屋に来られると、前回の授業でお話したことを思い出されると思います。ここが、いわば私どもの根城になっているということですね。

ここに飾っているのが、いわゆる番頭さんの写真です（第1章の写真参照）。今、龍谷大学さんとコラボ授業をしているわけですが、先日「事業承継学会」という集まりで「番頭制度と老舗について」というテーマで話をしました。番頭さんというのは、日本独特の社会的な仕組み、いわゆる老舗や昔ながらの企業を支える制度であると思います。何か、気になるところはありませんか？

赤堀　あの額は、見覚えがあります。

塚本　こういうものはまず、左から読むか、右から読むかを考えるんですよ。これは右から読みます。積むという漢字の「積」で、善悪の「善」、次の字は「の」で、「家、必ず、有る」。次の字は少し難しいですが「餘」という漢字で、最後は慶応義塾大学の「慶」です。「積善の家には必ず余慶あり」――よい行いを積む家には必ず子孫に喜び事があるから、善い行いをしなさい、という意味です。要は、社会貢献をしなさいということですね。塚本家の家訓です。いわゆる、「世間よし」ということです。

ところで、これを読んだ中国人の反応はどうだと思いますか？

赤堀　いい言葉だな、ですか？

塚本　あぁ、いいな、という反応ではないですね。実はこれ、儒教の経典の一説なんです。孔子や孟子の教えだから、彼らにとっては常套句なのです。見ただけで分かり、先ほど述べた意味は完璧に理解できるんです。

このような文化の背景は、中国の論語や易経、つまり儒教にあると言えます。日本文化そのものの基本は漢字ですし、「親孝行しなさい」などの言葉がありますが、それも儒教から来ている部分が多いのです。仏教も、インドから入った経典を漢字に直して日本に入っているので、いろんな意味で中国とは共通の文化圏だと言えます。

近江商人の家訓なども、昔は漢字四文字などで表すところが多かったです。大概、論語などから引用しているため、中国の方が「日本人の経営を探る」と言って来られたときも理解が早いですね。何かご意見ありますか？

田口　こちらの掛軸も、前回のご講演で紹介いただいたものですよね（第1章の写真参照）。

塚本　そのとおりです。この掛軸を海外の方が見ると、それぞれ反応が違います。今の若い日本人が見ると、上に描かれている人を「自由人」のように感じ、真ん中の人は「文化的な人」、一番下の人は真っ黒になって働いている人。三者三様の生き方があり、一番上の生き方にピンとくる人、真ん中にピンとくる人と、日本人の受け取り方はさまざまですね。

一方、中国の方が見ると「富は三代続かず」、もしくは、親が苦労して、子どもが楽して、孫で没落という言い方になります。結構、近江商人の見方と中国人の見方は一緒だと言えます。

しかし、韓国の人は違います。こういう話をすると彼らは笑うんです。一番下が奴婢、卑しい人、下男下女、奴隷のような人だと。とても恥ずかしい。そういう恥ずかしいことは隠すべきだ、と言うのです。真ん中は、教養人として立派な生き方をしている、上の人は教養人の生き方が仙人のような生き方になったもので、それはそれでいいではないか。一番恥ずかしいのは一番下の生き方だと言って、出世話にならないんです。彼らに一番下の人のことを熱く語っても笑っているだけです。

先ほどの家訓じゃないですが、同じ東アジアで、文化圏が同じでも、受け止め方が違うことから、少し矛盾も感じます。

さて、一巡しましたが、増田さんはほかに気になることがありますか？

増田　情報量がとても多くて、どう整理すればいいのかと考えてしまいます。

塚本　応接間も、この部屋も、さまざまなプレゼンテーションが仕込まれています。いろいろと伝えたいことがあるんです。近江商人の特性かもしれませんが、基本的には子孫に伝えたいと思っています。貢献した人の偉業は、世間に知らせなければならない、貢献してくれた人の子孫に伝えなければならない、と思っています。貢献してくれた人の納骨の際に、近親者がこの部屋に入って、「故人がよく『わしの写真が飾ってある』と言っていたことは本当だったんだ」と感じる。頑張ってくれた人が「ツカキに貢献した」と自慢してくれることが大切である。そういう意味で、この部屋は重要なのです。

増田　この部屋は、先代のころからあったのでしょうか？　ずっと前から、このような写真はあるのでしょうか？

塚本　写真はずっと前からあります。いろいろと部屋の模様替えをしていますが、ずっと続いています。写真自体が明治初期からしかないため、あまりにも古い番頭さんの写真はありませんが、精神は続いています。とはいえ、一〇〇年前からこの部屋があるわけではないですが。（笑）

普段、人と話をしているときに相手の背景を意識することは少ない。というより、自分の言いたいことだけを伝えている場合が多いだろう。ひょっとしたら、フェイスブックやインスタグラム、X（旧ツイッター）などは、その最たるものかもしれない。

それに対して塚本社長は、私たちに質問をする場合も、お客さまと接するときのように相手の背景を見ている。「商売人だから」と言うより、これこそがコミュニケーションの基本であると思えてくる。「聴き入ってもらうための話し方」や「質問をする際の姿勢」についても学んだような気がする。

塚本社長の講演後に感想を書くとともに、本社や五個荘（ごかしょう）を訪問した学生たち。すべてを紹介すると次章以降の記述と重なるので、最後に学生らしい「疑問点」と「反省点」のみを紹介して本章の結びとしたい。

調査から生じた疑問点

・ツカキグループが扱う各商品の具体的な販売ルートはどうなっているのか。
・ツカキグループが老舗企業として存続している秘訣は何か。
・ツカキグループはなぜM&Aに積極的なのか。

・社員は、塚本社長や取引先（職人や問屋など）に対してどのような思いをもっているか。
・経営理念である「三方よし」をはじめとする「近江商人の精神」は社員にどこまで浸透しているのか。

反省点――事前調査と現場でのつっこみの甘さ

本社では商品を拝見し、社内を回りながら説明をしていただき、どのような方を顧客としているのか、どのような精神を大切にしているのかなどを知ることができた。しかし、説明してもらった内容をより深く理解するためのつっこんだ質問ができず、自分たちの知識不足を感じた。また、取引先との具体的な関係や事業展開に関係するＭ＆Ａについてはまったく質問できていない。企業を深く理解するために、どんな質問をしなければならないか、どんな情報を集める必要があるのかといった基本をしっかり習得する必要があるように思う。

第3章

西陣織あさぎ美術館

「目で楽しむ」織りの魅力

西陣織で作られた「光琳かるた」

ツカキグループでは、取り扱っている和装製品の伝統的な技術や技法を守るべく、染織職人の保護や育成、情報の発信に力を入れている。このうち西陣織については、高い技術力を誇る織元であった（株）西陣あさぎの事業を塚喜商事（株）が継承し、独自の美を追求している。

その作品を広く公開するため、自前の美術館を設立した。室町問屋が西陣織の美術館を運営するという、実に稀な取り組みだ。そんな美術館を紹介したい。

二〇二三年五月二二日、私（増田）は友人（箱田静香さん）とともに「西陣織あさぎ美術館」を訪れた。他章にもあるように、西陣織の研究をしている私は、この美術館に何度か足を運んでいる。美術館が入る「ツカキスクエア」に初めて訪れたとき、「ザ・商社」という外観に少々入りづらさを感じたものだ。このビルの中に西陣織の美術館があるなんて誰も思わないだろう。

さて本書は、老舗・室町問屋の歴史と舞台裏を伝え、活字や写真を通してその面白さを体感していただくことを目的としている。美術館へのアクセスについても説明しておこう。

ツカキスクエアは、阪急京都線なら烏丸駅、市都市営地下鉄烏丸線なら四条駅が最寄りとなる。四条駅の6番出口を出ると、すぐ目の前にツカキスクエアが現れる。ビルの二・三階あたりを見ていただきたい。「西陣織あさぎ美術館」という文字がさりげなく掲げられている。私はこの文字を見るたびに、織屋や呉服屋でもない自分が入ってもいいのだと、少しホッとする（第1章の写真参照）。

烏丸通から少し奥まったところに入り口がある。見逃さないでほしいのが、頭上にある西陣織のタペストリー。尾形光琳作の「紅白梅図」が贅沢にも外に向けて展示されているのだ。天気がよければ、太陽の光でキラキラと輝く金糸と銀糸がとても綺麗である（カバー折り返し参照）。「紅白梅図」に迎えられ、豪華絢爛な西陣織の世界を想像しつつ美術館へ向かう。自動ドアが開くと、奥に受付がある。「西陣織あさぎ美術館を見たくて」と告げれば、「ありがとうございます。そちら（左手）のエレベーターで七階までどうぞ」と案内してくれる。

エレベーターの中でも、ツカキグループのおもてなしは続く。左手のエレベーターに乗った場合は、クロード・モネ作の「睡蓮の池」（ロンドン・ナショナルギャラリー所蔵）が、右手のエレベーターに乗った場合は「彩華熨斗目小袖文様（さいかのしめこそでもんよう）」が展示されている。エレベーターで移動中する間も西陣織の作品を楽しむことができるのだ。

エレベーターが七階に到着し、ドアが開くと、西陣織のタペストリーが視界に入る。私たちが訪れた日は高校生の団体が来館しており、学芸員が解説をしていた。高校生や中学生が京都の伝統産業を学べるように、織物のつくり方を紹介するなど、美術館で現物を見せながら技術力を説明している。そんな感じであった。

学芸員から、「館内はすべて撮影可能です。荷物は、ロッカーを利用してください」という案内を受けた。入館料は、一般五〇〇円、大学生・高校生四〇〇円、中学生以下は無料。朝一〇時から夕方五時まで開館している。なお、月曜日（祝日の場合は翌日）が休館日である[1]。

学芸員から説明を受けることもできるが、高校生の団体見学と重なったため、無料のタブレットとイヤホンを一つずつ借りることにした。展示物の紹介パネルの端に解説の番号が書かれている。解説は一作品につき約三分で、一三作品の説明を聞くことができる。

さて、ここからは、私と友人とのやり取りという形で館内を紹介したい。ちなみに、友人は西陣織についてまったく知らない。知らないことが少しずつ分かり出す。そんな過程を読者のみなさんと共有できればと思う。なお、私たちは二人とも関西の出身なので、少なからず地元の言葉でのやり取りになる

右手エレベーター内の「彩華熨斗目小袖文様」

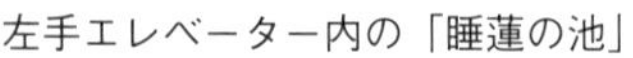

左手エレベーター内の「睡蓮の池」

ことをご了承いただきたい。

増田　この美術館は数か月のペースで特別展の内容が変わるから、その点でも興味深いのよ。今回は「王朝文化」に関係する西陣織作品を集めた展示だって。

箱田　西陣織を見るだけじゃなく、日本の文化にも触れることができる美術館なのね。入り口にあるこの織物、大きくない？

増田　これは、普通の帯を五本つなげた作品だって。

箱田　普通の帯って、どれくらいのサイズ？

増田　普段から着物を着ていないと想像できないよね。帯には、「丸帯（まるおび）」、「袋帯（ふくろおび）」、「なごや帯」、「半幅帯（はんはばおび）」、「角帯（かくおび）」という五種類があるんだけど、それぞれ、サイズ、合わせる着物や着ていく場面、そして、仕立てたあとに柄

(1)　西陣織あさぎ美術館ホームページ「ホーム」 https://asagi-museum.jp/special/（二〇二三年八月七日確認）

西陣織タペストリー、尾形光琳作「紅白梅図」

が両面にあるかどうかで違ってくるのよ。

箱田　え、帯ってそんなに種類があるの？

増田　「丸帯(まるおび)」は反物(たんもの)の状態で巾(はば)が約六八センチ、長さが四四八センチ、フォーマルな場面で締める帯。仕立てたあと、帯の表裏両方に柄があるから、どんな結び方をしても表に柄が出るという豪華なものやねん。ただ、使われている糸が多くなるから、すごーく重たいけど。

箱田　成人式で着る振袖は丸帯？

増田　そう。いろいろな結び方をしているけれど、無地の部分がないの。それが「丸帯」の特徴で、簡単にしたのが「袋帯(ふくろおび)」。この帯の巾は約三一センチ、長さが四四八センチやね。「丸帯」よりも巾が狭く、表には柄があるけど裏は無地になっているのよ。この帯もフォーマルの場面で締められるけど……結婚式、披露宴、パーティーとかやね。

箱田　へぇー、巾が違うんだ。知らなかったわ。

増田　「丸帯」と「袋帯」には金糸が入っていて、キラキラしているんやけど、なかには「しゃれ袋帯」と言って、金糸が入っていない落ち着いた帯もあるの。

箱田　なるほどね。

増田　ちなみに、筒状に織られていて、袋みたいやから「袋帯」って名前が付いたんよ。

箱田　帯の名前にも由来があるんやね。ところで、反物って何？

増田　反物は、糸を織ってでき上がった織物のことで、帯や着物に仕立てる（加工する）前の状態のこと。巻物みたいなもの、見たことない？

箱田　テレビで見たことある。クルクルされている状態を反物って言うんやね。

増田　「なごや帯」は、お茶やお花の稽古とか、散歩や買い物という日常の場面で締められる帯。「袋帯」より短くて軽いから、結びやすい帯やね。

箱田　袋帯がスーツやパーティードレスなら、なごや帯はオフィスカジュアル、普段着というイメージ？

増田　そうやね。「なごや帯」よりも簡単な結び方で、さらに普段に使える帯が「半巾帯」。帯の巾が約一六・五センチ、長さが約四〇〇センチ。最近は「半巾帯」の結び方のアレンジ本とかも出版されていて、浴衣に締める人も増えてきている。「角帯」は、巾が約二一センチで、長さが約四四〇センチ、「半巾帯」より少し巾が広いかな。男性が締める「男帯（おとこおび）」として使われることが多いよ。

箱田　少し、帯のことが分かったような気がするわ。

このように、帯について私なりに友人に説明を続けたが、私自身、日常生活において着物を身につける機会が少ない。着ないから知らないのか、知らないから着ないのか、難しいところだ。

増田　この織物の柄、気にならへん？

箱田　琳派の尾形光琳作「紅白梅図」って、説明パネルに書かれているよね。

増田　琳派が生まれたのは桃山時代後期と言われてるやん。

箱田　豊臣秀吉が天下統一を果たしたころの話だっけ。

増田　織田信長が楽市楽座などで商業の整備をしたあと、秀吉が太閤検地や刀狩りをして農民、商人、武士という身分をはっきりさせたやん。そのときにお金を持っていた大名や商人たちが絵画や芸能、建築、工芸などのスポンサーになって、豪華絢爛を特徴とする文化がこの時代にでき上がった。それが桃山文化。ヨーロッパ文化の影響を受けはじめているところも特徴よね。

箱田　これまで中学や高校で習ってきたことが、展示されている作品につながってくる。そう思うと面白い。

増田　琳派の作品は豪華絢爛が特徴。このころの絵画を表現しようとすると、その豪華さのために金糸や銀糸が必要になってくる。この「紅白梅図」の見どころは、説明パネルにもあるように、絵師の筆さばきや表現力を織りの技術で表現しているところやね。

箱田　筆で描くんじゃなくて、織っているんやね……。

増田　織りやから、一本一本の糸をどのように重ね合わせて、柄をつくっていくかという話になるわけ。細かい部分まで手を抜いていないところに、作り手たちのこだわりを感じない？

箱田　ほんまにすごいなぁ。

描いても大変な作業を西陣織が見事に再現している。このすごさ、活字で表すことは実に難しい。是非、実物をご覧になっていただきたい。

ここまでは、エレベーターの前に展示されている作品をめぐる話である。これから、いよいよ館内に入っていく。

箱田　この筒は何？　中に入っているのは繭玉？

増田　一本の帯に、これだけの繭玉が必要なのよね。繭玉から少しずつ紡いで糸をつくるから。繭玉の生産は養蚕（ようさん）と言われ、昔は多くの農家が屋根裏で蚕（かいこ）を育てていたんだけど、養蚕業が廃れたので、今は輸入品がほとんどなんだって。

繭玉が入った透明な筒

箱田　確かに、養蚕(ようさん)業ってあまり聞かへんね。

増田　あさぎ美術館で使っている繭玉や絹糸は、ブラジルの「ブラタク製糸」(2)のもの。ダイヤモンドのように絹糸にもグレードがあって、あさぎでは最上級の「6A」が使われている。エルメスのシルクスカーフと同じグレードらしいよ。

繭玉のすぐ先に、「西陣織の歴史」と題した年表が掲げられている。「まえがき」で説明したような「西陣」という名称の由来や、現代にまでつながる技術の変遷などが紹介されている。

増田　豪華絢爛の安土・桃山時代に中国から新しい技術が伝わり、西陣織の基礎ができた。江戸時代に入ると幕府に手厚く保護され、西陣織はさらに発展するんやけど、後期になると、贅沢を禁じ、布地の種類や染め色まで規制する「奢侈禁止令(しゃしきんしれい)」の発令などで、高級品の西陣織はつくれないし、売れないという時期もあったんよ。でも、もっと大変だったのが明治維新。天皇家や天皇家に仕える人たち、つまり西陣織を愛用していたお得意さんが東京に引っ越ししてしまったの。

箱田　そりゃ、大変やわ。

増田　京都の経済は低迷し、西陣織も危機的状況やね。だから京都府は、地元産業を立て直すために西陣織をサポートしていこうって決めたんよ。

箱田　そのサポートの一つが、この説明パネルにある「職工をフランス留学させて、ジャガード織(き)の技術をとりいれる」って部分か。

増田　そう。当時、フランスのリヨンでは、ジャガード織機(しょっき)が使われていて、そこへ職人を三人派遣して、技術を習得させたんよ。部品をつくって、ジャガード機を組み立てるところからのチャレンジ。

箱田　ジャガード機とそれまでの織機、何が違うん？

増田　西陣では、人が織機に載って手動で経糸の上げ下げを調節する「高機(たかはた)（空引機）」が使われていて……。

箱田　えっ、人が載るん？　めっちゃ危険やん。

増田　うん。すごく危ない仕事で、落下して亡くなった人もいたとか。そのあとにジャガード機が出てきた。織機の上の部分にジャガード（紋紙(もんがみ)の穴の位置に応じて織機の経糸を一本ずつ上下させる装置）を設置することで、人が載らなくても作業ができるようになったの。安全で複

（2）　世界最高の生糸（六〜一四デニール）を生産する日系会社。一九二〇年に日本の国策組合のブラジル拓殖組合として創立、一九四〇年に製糸部門が独立しブラタク製糸となる。

雑な模様が製織できる画期的な機械だったわけ。

箱田　なるほど。

増田　明治以降、西陣で普及したジャガード機は、電力を動力とする自動織機、いわゆる「力織機」だから、経糸が上下に動く速さや緯糸が通る速さがまるで違う。織屋さんへ行くと、織機の「ガッチャン、ガッチャン」というリズムのいい音が響いているよ。

箱田　織る速度や柄の細かさも変化したんやね。

西陣織会館には、さまざまな織機が展示され、実際に織る体験もできる。京都観光の際、ちょっと足を延ばすのもいいかもしれない。

箱田　これは雛人形？　説明には「有職雛人形の衣裳」と書いてあるけど、有職って？

増田　天皇家や朝廷に仕える人たち、いわゆる「公家」が行事や催事のときに必要とした知識の

有職雛人形の衣裳

西陣織会館の外観
（京都市上京区竪門前町414
電話：075-451-9231）

高機の図（下）とジャガード織機（上）

こと。自分の着るものや持ち物、牛車、建物なんかにも独自の有職（ゆうそく）文様を使ってたんよ。

箱田　なるほど。有職文様にはどんな柄があるの？

増田　たとえば、黒い羽毛で頭の一点に赤い模様がある鶴が向き合った「向鶴菱（むかいつるひし）」、菱形のなかに花びらが四枚描かれた「花菱（はなびし）」、上下左右に四羽の蝶が描かれた「臥蝶丸（ふせちょうのまる）」など、いろいろあるよ。文様の一つ一つに意味があって、繁栄や健康といった願い事の内容に応じて文様を組み合わせたりしてるの。

箱田　文様って奥が深いんやね。

増田　西陣織の織屋さんは、唐花や唐草、鳳凰、孔雀といった正倉院に保管されている文様を織りで表現したりするの。

箱田　文様の歴史や意味合いについての知識があったら、もっと楽しめるね。

増田　とくに、着物や帯は身につけるもんやから、結婚する娘や成人を迎える子どもにプレゼントするときに、贈り手の気持ちを添えるという意味もあるのよね。だからこそ、文様にこだわったのかもしれへんね。

続いては製作工程である。これについても、文章での説明ではやや分かりづらいかと思う。筆者の知識不足や表現能力ゆえかもしれないが、言葉では表せないような細かな作業が連続している。

ここで、ツカキグループの製織部門である「塚喜商事（株）あさぎ事業部」について説明しておきたい。あさぎ事業部は、元々、高級帯を製織する織元、「（株）西陣あさぎ」であった。古くから製織に携わり、高度な技術力を誇っていたが、経営がうまくいかず事業停止に追い込まれたため、取引のあった塚喜商事が二〇一四年に技術やブランドを継承した。

箱田　あさぎの「織の技術」、「最高級の絹糸」、「美の系譜」について紹介されているね。

増田　西陣織は、先に糸を染めて、織り方でデザイン・模様を表現する「先染織物」って言われるのよね。それに対して、染めていない糸で織り、その白生地に図案を描くのが「後染織物」。京友禅がそう。

箱田　製作工程の説明もあるけど、ちょっと複雑ね。

増田　西陣織は、だいたい五つの工程に分けられる。まず、大まかにデザイン（図案）を考え、それを織り上げるための設計図をつくる「企画・製紋工程」があって、糸に撚(よ)りをかけたり、染めたりする「原料準備工程」、糸を織機にセットする「機準備工程」、実際に織っていく「製織工程」、そして織り上がった織物を製品にするための「仕上げ工程」やね。細かく見ていくと、二〇工程以上の分業でつくられている。

箱田　そんなに分かれてんの？

増田　高い技術が求められるから、専門化しているんよ。

箱田　この一八〇〇口って、どういうこと？

増田　口数は、織機（しょっき）にセットされている経糸の針数のこと。四〇〇口、六〇〇口、九〇〇口といろいろあって、口数が多ければ多いほど経糸と緯糸の重なる点が細かくなって、滑らかな曲線を織ることができるし、色の調整も細かくできるのよ。

箱田　要するに、生地一列に一八〇〇本の経糸と緯糸が織り合わさるから、細かい柄ができるってことか……。

増田　交差させる糸の太さにも工夫がされているねん。交差点一個を一ミリ四方の方眼紙で表しているけど、方眼紙一マスに一本の経糸を通しているわけじゃない。本来の経糸の半分の太さの極細糸を用意して、一マスに二本の経糸を通して、緯糸を固定するための極細の経糸カラミ糸も一本通しているんよ。

400口の紋図　　1800口の紋図

箱田　一マス・一個の交差点に経糸が合計三本通っているって、かなり丈夫だろうね。

増田　経糸だけを極細にしたらバランスが悪くなるから、緯糸も極細にしているんやって。

箱田　画素数みたいやね。口数が少ないとぼやけた感じになるわけだ。

増田　今、話した図案・デザインが企画で、それをもとに製織の設計図である紋紙（もんがみ）をつくるというのが製紋（せいもん）工程。

箱田　紋紙って？

増田　穴の位置によって糸を操作する、指示書みたいなもの。段ボールのような厚紙が使われていて、穴が開いているところに糸が通って、穴が開いていないところには糸が通らない仕組みになっているの。パソコンでいうところの二進法と同じ原理やね。今は、フロッピーディスクやＳＤカード、ＵＳＢメモリを使って織機を制御している。けど、昔はこの紋紙を使ってたんよ。

箱田　あ、見て！　この繭玉を茹でてふやかして、糸を紡いでいくんやね。

増田　この糸を染めるのも大変なのよ。絹糸って、セシリンっていう成分でコーティングがされているので染まりづらくて。だから

紋紙（手前の２点）

セシリンを取り除く精錬（せいれん）という工程があるのよ。精錬後だと、精錬前より白くなっている感じがせえへん？　この白い糸を染めていくのよ。

箱田　これが実際に使われいる糸か……。図案に合わせて染められているんやもんね。この楯、何？　金箔の分析通知書やん。

増田　金箔や白金箔（銀箔）の成分を分析して金や白金が何パーセントなのかの証明。帯や着物の世界では、これがあると、買うときに安心できるでしょ。

箱田　「原料準備工程」の次はどうなるん？

増田　経糸と緯糸を織機（しょっき）にセットする「機準備工程」。織機に色糸をセットする際、どのタイミングでどんなふうに織られるかを考えて準備するわけ。この舟形になっているのが杼（ひ）、「シャトル」って呼ばれている。緯糸を端から端へと、経糸の間をくぐらせて通していくのよ。

箱田　それって、かなり難しくない？　柄がズレたら大変やね。

増田　膨大な経験値と織機の知識がないと無理やね。だから、後継

精錬前（右端）、精錬後（右から２つ目）、染色後（左の３つ）、繭玉

者も少なくて、技術の継承が難しくなる。織機メーカーもなくなっているから、新品の部品も手に入らないし。

箱田　じゃ、壊れたときはどうするの？

増田　廃業した織屋さんの織機を譲ってもらったり、これまでに買いだめしている部品で賄ったり。廃業した織機部品店の在庫を引き取って、西陣織会館でも販売をはじめたみたい。

増田　次は「製織工程」。織るという作業も大変なんよ。経糸を上げ下げする仕組みを整える綜絖屋（そうこうや）さんが紋紙（もんがみ）を織機に設置してから製織がはじまる。力織機の場合、すごい速さで織られていくから、経糸と緯糸が計画どおりに織られているかどうかを目で確認するのは不可能。だから、「織手」と呼ばれる職人さんは音で判断しているの。

箱田　音で分かるの？

増田　熟練の織手になると、糸が切れたとか、ズレているとか、織機の不具合とかが音で分かるんやて。

箱田　究極の職人技やね。

杼（手前）

増田　家の中に数台の織機を置いて、夫婦でやっているというケースが多いみたい。繭玉からつくられた糸は湿度の影響で長さや太さが変わってしまうから、弾力性にも影響が出たりするの。

箱田　そうなると、計算どおりには織れないやん。

増田　昔は、半地下の空間をつくってそこに織機を置くことで、糸にあえて湿気を与え、織り上がりの風合いを調整していたとか。糸にとってはよくても、人間には向かない環境だったんだって。今でも、同じ体勢でずっと製織していたり、温度管理をしたりと、大変な職場やだけど。

箱田　なるほど。職人さんの収入は？

増田　出来高制だから、一反いくら。何日もかけて織った反物が、途中で糸が切れて柄がズレると商品として売れなくなる。

箱田　それだと生活はどうなるの？

増田　西陣織の織手は平均が七〇代。彼らは、年金があるから生活できているけど……。

箱田　若手の織手は増えへんの？

増田　製織現場は過酷だし、収入は少なく生活も不安定だからね。

この美術館にはさまざまな人が訪れる。展示品を気に入った外国人観光客から「自宅でも楽しみたいのだが……」と相談されることもあるそうだ。着物好きが和服で出掛ける目的地にもなっている。

「西陣織には、従来の『身につける』用途だけでなく、『目で楽しむ』美術品としての魅力もあります。その可能性を広げることが西陣織の将来につながると考えています」

美術館館長も務める塚本社長の思いである。

増田　最後は「仕上げ工程」。そこで反物にして問屋に納品している。

箱田　西陣織って、糸から織られて反物になるまで長い道のりがあるんやね。五つの工程はおおよそ分かったけど、ツカキはどの工程に、どんな感じでかかわってんの？

増田　ツカキグループの塚喜商事（株）あさぎ事業部は、商品や作品のデザイン・図案を考えて、紋紙をつくるところまでやってる。その後、どの色に染めるかは糸染め職人と、織機にどのようにセットするかは綜絖屋（そうこうや）、織り方は織手と相談し、一緒に計画を立てるの。

箱田　あさぎ事業部で織っているわけじゃないんやね。

増田　あさぎ事業部は「織元」と言われる立場で、製織工程は契約している丹後の織手にお願いしてるねん。

箱田　西陣じゃないのかぁ……。

増田　西陣にも織手はいるけど、丹後のほうが多い。あさぎ事業部が丹後の織手を集約している

「代行店」に糸や図案などを渡して、織手に届けてもらっている。織手は依頼された図案に合わせて織り、でき上がった商品を代行店に渡すのよ。代行店は、糸の追加発注や織機の簡単なメンテナンス、製織技術の指導などの面で、丹後の織手を支えている。

箱田　代行店って、あさぎ事業部と丹後をつなぐ大事な立場やね。

増田　あさぎ事業部の社員が丹後まで行って、織手の一軒一軒に配達し、問題が発生したらすぐ駆けつけるというのは無理やから、現地にいる代行店が仕切り、あさぎ事業部は代行店からできたものを受け取ってるんよ。

増田　塚本社長も年に何回か丹後に出向き、代行店や織手と直接話し合いをしているよ。西陣織とその織手の名前を一緒に展示して、「丹後にはこんなに素晴らしい職人がいる」ということを広く知ってもらう、そんな取り組みもしているんだって。丹後での生産力をより強固なものにするため、賃金体系の見直しも考えているみたい。出来高制をやめて基本給にするなどのね。

箱田　社長に直接会えると相談や提案もしやすいね。

増田　この前、あさぎ事業部の人から、新しい作品や商品をつくるときには「丹後の織手にサンプルをお願いし、色味やデザインを調整している」って聞いたよ。実際に織っている人と一緒に取り組むから、細かい調整ができ、思いがけないアイデアが出てきたりするんだろうね。「丹後の織手からは『また、無茶ぶりを』と言われる」と笑っていたけど。あさぎ事業部は、作品や商品へのこだわりが強く、そのこだわり一つ一つに対応できる職人さんが丹後にいるってことが事業部の強みだと思う。

箱田　こだわって、微調整を重ねて生まれた作品がここに展示されているわけか。そう思うと、一度にたくさんの作品が鑑賞できる美術館は「お得感」満載やね。

西陣織あさぎ美術館には、美術品だけでなく、注文を受け、製織しているものもある。展示されている「京都御所　紫宸殿」は、西陣意匠紋紙工業協同組合から設立五〇周年を記念して注文されたものである。図案の細かさをどのように表現しているのかが見どころだ。

箱田　京都御所の紫宸殿まで西陣織で織られている！

増田　この織物は世界に四枚しかないいんだって。西陣意匠紋紙工業協同組合に一枚。京都市長と京都の姉妹都市であるアメリカのボストン市に各一枚。そして、ここに展示されているこの一枚。

「京都御所　紫宸殿」

箱田　記念品の依頼が来るなんて。

増田　奥の建物を見て！　細かい部分まで表現されている。手前の上部の人物も織物やで。ぼやけずに細かい部分まで色の濃淡をつけている。

箱田　柱の木目まできれいに織られてるなぁー。

次に展示されていたのは、和歌を集めた「女房三十六人歌合」を帯にした作品。「女房三十六人歌合」とは、平安時代や鎌倉時代の女性三十六人が詠んだ和歌を短冊につづり、歌合にしてまとめたもので、いわば「セレクト本」。帯には三十六人の姿も描かれている。

「女房三十六人歌合」

増田　歌合って、詠み人が集まって、左右に分かれ、一つのお題に対してそれぞれのチームから和歌を出し合うというゲーム。交互に一人ずつ詠み、季語をいかに使うか、直截的な言葉を使わずに気持ちをどう表現するかなどによって和歌の上手さを競うのよ。

箱田　平安時代と言えば、かな文字が広まったころ。言葉を大切にしてたんやろうね。

コラム　丸帯「国宝源氏物語」

貴族社会の恋愛模様や権力闘争などを描いた『源氏物語』はいにしえから多くの人々を魅了し、文学、美術工芸、香道などに多大な影響を及ぼした。なかでも有名なのが、平安後期の宮廷絵師、藤原隆能（たかよし）による国宝「源氏物語絵巻」である。その一部が現存し、尾張徳川家伝来の３巻を徳川美術館（愛知）、阿波蜂須賀家伝来の１巻を五島美術館（東京）が所蔵する。

この「源氏物語絵巻」をモチーフに、1800口織ジャガードで織り上げた作品が丸帯「国宝源氏物語」である。西陣織の丸帯にも、国宝の絵巻さながらに、絵画化された物語の各場面と、それに対応する本文を書写した「詞書（ことばがき）」が交互に展開されている。一線に引かれた眼や「く」の字形の鼻といった「引目鉤鼻（ひきめかぎはな）」と呼ばれる人物の顔も、優美な書風も、細部にいたるまで精緻に描かれている。

丸帯の裏面からは、高度な製織技術の一端をうかがい知ることができる。西陣織では、経糸の色糸と緯糸の色糸の組み合わせで微妙な色合いや陰影、濃淡などを表現する。裏面に見えている無数の糸は、表面の柄を描くにあたって必要とされなかった色味の緯糸である。

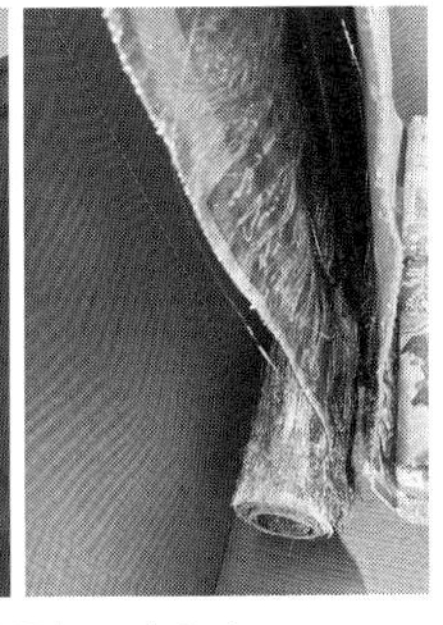

「国宝源氏物語」の表と裏

増田　言葉で遊んだり、物語を読んだり、和歌を詠んだりして、意中の人にアプローチをしたんだよね。和歌では文字の美しさも競われていたらしいよ。

箱田　美文字みたい。

増田　言葉選びのうまさや文字の美しさは、家柄がよく、頭がよく、そして気品のある女性の特長だったんよ。

「有職源氏文様」

続いて登場するのは、『源氏物語』に関する作品である。主人公の美男子・光源氏がさまざまな女性と恋模様を繰り広げた、世界最古の長編小説である。フィクションとされるが、実在する人物をモデルにしたという説もある。京都には、作者・紫式部ゆかりの地が数多くあるため、これを機に「聖地巡礼」をしてみるのも面白いかもしれない。

箱田　この作品には「有職（ゆうそく）源氏文様」と書いてある。端から端まで柄があしらってあるね。

増田　この帯は全面に柄がある「全通柄（ぜんつうがら）」。帯を締めるときに「どの位置で柄が出るかどうか」

を考えずに締められるよ。スリムな人でも、ふくよかな人でも、柄のズレを気にせずに締めることができる。帯全体のデザイン・図案が凝っていたり、柄に合わせて色糸の本数が多かったりと、かなりの手間をかけてつくられているね。ルーペを持ってきたから、表面の色糸を覗いてみて。

箱田　自分の目で見たら赤一色なのに、ルーペを通すと緑色の糸も見えるね。

増田　深みのある赤色を出すために、緑色の糸を少し織り込むといった工夫がされてるね。今度は、離れた位置から作品全体を見てみて。

箱田　あれっ、右が金色で、左が銀色に分かれてない？

増田　これは経糸に仕掛けがあって、帯の経糸を右部分には金糸のみ、中間は金糸と銀糸を同じ分量に、左部分は銀糸のみにすると、金から銀へのグラデーションになるの。この帯は丸帯やから、反物を半分にして仕立てると、金色ベースと銀色ベースの柄が表裏に現れるというわけ。

箱田　リバーシブルみたい。帯が裏表で使えるのかぁ。

増田　金色ベースは人が描かれた『源氏物語』のシーン、銀色ベースには、草木が描かれた『源氏物語』のシーンが織られている。

箱田　どちらの面・柄で締めるかによって雰囲気が変わるよね。これ、何本の色糸を使ってるの？

増田　この「有識(ゆうそく)源氏文様」の帯は、一二色の色糸で一四四色を表現しているんだって。一二色の色糸が約一五万回往復して四五〇センチの長さを織り上げているから、相当な本数になると思うよ。かなり重いから、反物(たんもの)から帯に仕立てるときに、裏面の糸を端折ったりしてなるべく軽くするんだって。

箱田　こっちの作品は「貝合わせ」。

増田　貝合わせはお雛様の道具の一つで、雛祭りのときに飾られたりするんだって。元々は貝を使った遊びで、大きさや形、色合いなどを題材にして歌を詠んで、歌の出来映えを競うものだったんだけど、その後、内側に絵を描き、同じ絵の貝を探す貝合わせが流行ったみたい。

「貝合わせ」

箱田　トランプの神経衰弱みたいなものかなぁ。これも平安時代の遊びってことで展示されているわけやね。人形も一緒に展示されているから、当時の人が貝を探してるみたいに見える。

美術館には、西陣織でつくられた「光琳かるた」も展示されている。上の句を読みあげて下の句を見つけるという百人一首は、貝合わせと同じく、宮中の女性たちの遊びであった。尾形光琳の「小倉百人一首」を西陣織で再現するだけでなく、紙に貼ることで実際にかるたとしても使えるようにしている。

「光琳かるた」が図柄の帯も展示されている。

箱田　百人一首の競技かるたに打ち込む少女を主人公にした漫画が映画にもなったよね。「光琳かるた」は手のひらサイズで、すごく細かくて小さい。技術力の高さがすぐ分かるわ。

増田　一八〇〇口ジャガード機で織ったんやろね。読み札には上の句とその歌を詠んだ人を、取り札には、下の句と歌に登場する草花などの絵が描かれている。

箱田　豪華なかるた……、全力で取りにはいけへんね。

増田　自分の好きな読み札と取り札を額に入れて飾ることもできるみたい。海外の人にも人気なんだって。読み札と取り札で合計二〇〇枚、すごい数やね。

箱田　しかも、キラキラ輝いているから、金糸が使われているのが分かる。人形が

「光琳かるた」

かるた遊びしているなんて粋やね。

増田　壁に掛けられた左の黒っぽい帯は「取り札」、右の白っぽい帯は「読み札」。お客さんに「私の好きな句が入っていないじゃない」って言われないように、「すべての句を入れたデザイン・図案を考えた」と、あさぎ事業部の方が話されていた。

箱田　確かに、自分の好きな句がないと悲しいよね。

尾形光琳といえば、国宝の「燕子花図屏風（かきつばたずびょうぶ）」（根津美術館）を思い浮かべる人もいるのではないだろうか。菖蒲（あやめ）の仲間である燕子花は五・六月頃に紫色の花を咲かせる。その色合いや花びらの形が、昔から日本人に好まれてきた。西陣織あさぎ美術館では、作品の紹介だけなく、モチーフとなった植物などについても解説している。

「燕子花図屏風」

箱田　この屏風の花の形、変わってない？

増田　燕に似た花やから「燕子花」って言うのよ。燕子花には、いくつかの花言葉があるよね。紫は、冠位十二階の最上位の人が身につける色なので、「高貴」という花言葉があったり、燕は幸せを運ぶと言われるから「幸運が訪れる」という意味が込められていたりするの。情熱的な和歌を詠むことで有名な在原業平（ありわらのなりひら）が燕子花を歌に詠んだことから「思慕（しぼ）」という花言葉もあるよ。

箱田　花言葉も、その理由を合わせて聞くと面白いね。

美術館を奥に進むと暗室のような一角があり、印象派を代表するフランスの画家、クロード・モネ作「睡蓮」を西陣織で織り上げた屏風が展示されている。「睡蓮」は数多く残されているが、モチーフとしたのは、二つの大広間の壁いっぱいに八点の大作が展示されている、フランス・パリのオランジュリー美術館の「睡蓮」である。屏風になった「睡蓮」も、縦一七五センチ、横六〇センチのパネル（「扇」）、一八枚で構成され、その大きさに圧倒される。さらに、蓄光糸（ちくこうし）が使用されているため、暗闇で光を放ち、睡蓮が浮かび上がって見える。

屏風の向かいには、同じく蓄光糸を使用した織物が絵画のように壁に掛けられている。

箱田　屏風が光っている。幻想的な感じだね。端から順に浮かび上がってくる。

増田　「光の画家」と呼ばれたモネは、光を表現した風景画を描いていて、この屏風も、端から、朝の睡蓮、昼間の睡蓮、夕暮れ時の睡蓮、夜の睡蓮という時の流れを表現しているね。

箱田　この絵、どこかで見たことがある気がする……。フィンセント・ファン・ゴッホの「星月夜」か。こちらは「アルルの跳ね橋」や。

増田　同じ柄でも絵と織物で受ける印象が違ってくるね。

箱田　面白いなぁ。でも、どうして光っているん？

増田　糸に秘密があるんよ。蓄光糸(ちくこうし)というんだけど、太陽光や室内のライトなどから光のエネルギーを吸収して、自分から発光する糸やねん。

箱田　自分で発光？　蛍みたい。

増田　ただ、蓄光糸をつくっている糸メーカーは廃業したから、この作品が最後なんやて。

続いては、書や仏像を織物で表現した仏教美術のコーナーである。

「星月夜」（蓄光糸使用）

「アルルの跳ね橋」（蓄光糸使用）

黒の背景に金色の文字が書かれた書や、陰影をつけて立体感や質感を表現している仏像がある。さまざまな角度から作品を見て、筆さばきや仏像の奥行きなどを感じてもらいたい。

箱田　このお経、墨と筆で書かれたみたいに見える。

増田　全部、織物。筆の柔らかさを表現するために、漢字の「とめ」や「はらい」が忠実に再現されているの。これは「南無阿弥陀仏（なむあみだぶつ）」。背景の色糸と文字の金糸をどのように重ね合わせれば筆のかすれた部分が表現できるのかを計算しているのよ。

箱田　うしろにも小さく文字があるやん。周りの観音さんの指や皺も、すべて織りで表現している。見入ってしまう。これらの作品はお寺に納めているん？

増田　お寺からの依頼でつくるのもあれば、一般のお客さんから頼まれる場合もあるみたい。本物の仏像や書は、

「般若心経」

「阿修羅像」

コストがかさんだり、購入後の保管場所やメンテナンスが大変だったりするけれど、織物であれば額に入れたり、掛け軸にして飾ったりが可能だからニーズがあるんだって。

読者のみなさんは、技術力や図案力を競う「西陣織大会」（西陣織工業組合主催）が、毎年、開催されていることをご存じだろうか。西陣織あさぎ美術館では、内閣総理大臣賞を受賞した「翠松寿栄波涛錦紋（すいしょうじゅえいはとうにしきもん）」をはじめ、これまでの出品作品が展示されている。館内で視聴できるビデオに、「翠松寿栄波涛錦紋」を手掛けた職人が登場している。

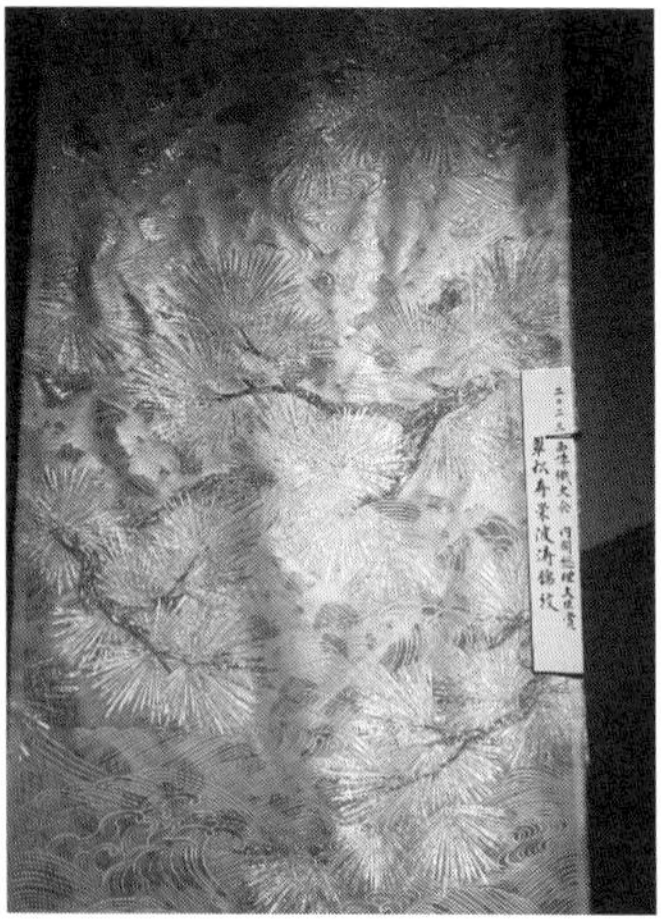

増田　日本一になった「翠松寿栄波涛錦紋」は、その名のとおり「松」と「波」がデザインされている。松は、寒い季節でも緑を絶やすことがないことから長寿のシンボル、寄せては返す波は、幸せな時間がいつまでも続くようにとの願いが込められた文様と言われている。

箱田　この反物（たんもの）、左右の端を見ると、銀糸の先が見える。銀糸がベースになってるんや。

「翠松寿栄波涛錦紋」

増田　華やかなゴールドに比べ、シルバーには凛とした美しさがあるよね。

箱田　すごい数の賞状。それだけ、毎年のように西陣織大会に挑戦しているってことか。

増田　大会に向けてデザイン・図案を新しく考え、織手たちと試作を重ねるから技術が磨かれるのね。

次の展示室では、ヨーロッパ絵画をモチーフとした作品を見ることができる。ゴッホの「アイリス」や「アルルの跳ね橋」「ひまわり」「星降る夜」、グスタフ・クリムトの「接吻」などが帯になって並んでいる。日本の美術・書・仏像とは違う雰囲気が漂ってくる。どの帯も、着用時に背中の「お太鼓」と呼ばれる部分にモチーフがくるように計算されている。

グスタフ・クリムト作「接吻」

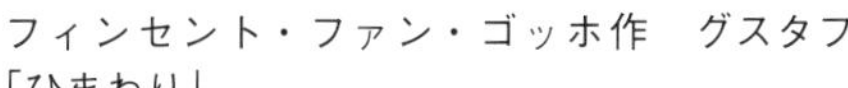

フィンセント・ファン・ゴッホ作「ひまわり」

箱田　見たことのある絵が織物になっている。

増田　あさぎ事業部の方によると、なじみのある絵画をモチーフにすることで、どのように織られているかを考えてもらいたいんだって。

箱田　私、その狙いどおりになっているね。

増田　画家によっては、陰影や複雑な色を表現するために絵具を幾度も重ねていたり、筆跡を残したりと、さまざまな技法を使っている。それを織物で表現しているんやからすごいよね。

箱田　美術館でしか見られない絵画を身につけるって、遊び心があって面白い。

Photo Room ～ Nishijin Installation ～

展示室を抜けると「Photo Room」がある。和テイストの屏風や提灯で装飾されており、着物姿なら、より一層インスタ映えする空間である。本格的な美術館にそんなスポットがあるなんて、まず予想しないだろう。日本文化や国内外の美術品に対する知見を広げ、ＳＮＳ向け写真も撮ることができるのだから、実に興味深い美術館である。

美術館の出口には「ミュージアム・ショップ」がある。展示作品と同じデザイン・柄のポーチや名刺入れ、ハンカチ、ペンケースなどが販売されている。製織中に糸が切れたり、柄がズレたりしたために販売できない織物を加工しているので、どれも真正品である。丹精込めて織られた西陣織が形を変え、リーズナブルな価格で並んでいる。私は、西陣織の端切れが入った手のひらサイズの正方形ミニ額を自宅に飾っている。箱田さんは名刺入れを職場で使っているという。

鑑賞を終えて

関西弁で話が進んでしまったが、読者のみなさんが、西陣織あさぎ美術館がどのような場所かをイメージする一助になればと思う。

モチーフとなっている原画の美術品について知ることができ、しかも、それが西陣織の高度な技で表現されている。帯になったゴッホやクリムト、織物に姿を変えた書や仏像。ジャンルの異なる精緻な作品が数多く展示されており、見応えのある空間と言える。

美術館の館長でもあるツカキグループの塚本社長は、その開館の趣旨を次のように語っている。

「西陣織がどんなもので、どのようにしてつくられているかを知ってほしい。そして、西陣織に対する興味や愛着をもってほしい」

ミュージアム・ショップ

西陣織に携わるということは、製織・販売にとどまらず、その魅力と特長を広め、次の時代へとつないでいくことでもある。室町問屋であるツカキグループは、社内に「ものづくり部門」をもち、技術や材料を駆使して西陣織の限界に挑んでいる。その成果を自前の美術館で披露し、より多くの人に知ってもらうための努力を重ねている。

補記

本章を執筆するにあたり、筆者（増田）は何度も美術館に足を運んだ。写真は、その中からベストなものを選択している。

館内をめぐると、モチーフとなっている原画の美術品についても知ることができるのだが、それらが、なんと西陣織の高度な技で表現されている。帯になったゴッホやクリムト、織物に姿を変えた書や仏像、ジャンルの異なる精緻な作品が数多く展示されており、「見応えのある空間」と言える。また、繰り返し訪れて作品に触れることで、西陣織に関する理解が深まった。

美術館の館長でもあるツカキグループの塚本社長は、開館の趣旨を次のように語っている。

「西陣織がどんなもので、どのようにして作られているかを知ってほしい。そして、西陣織に対する興味や愛着をもってほしい」

第4章

ツカキグループ　その全貌

ツカキグループの各種パンフレット

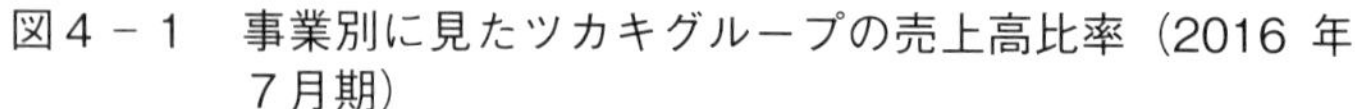
図4－1　事業別に見たツカキグループの売上高比率（2016 年7月期）

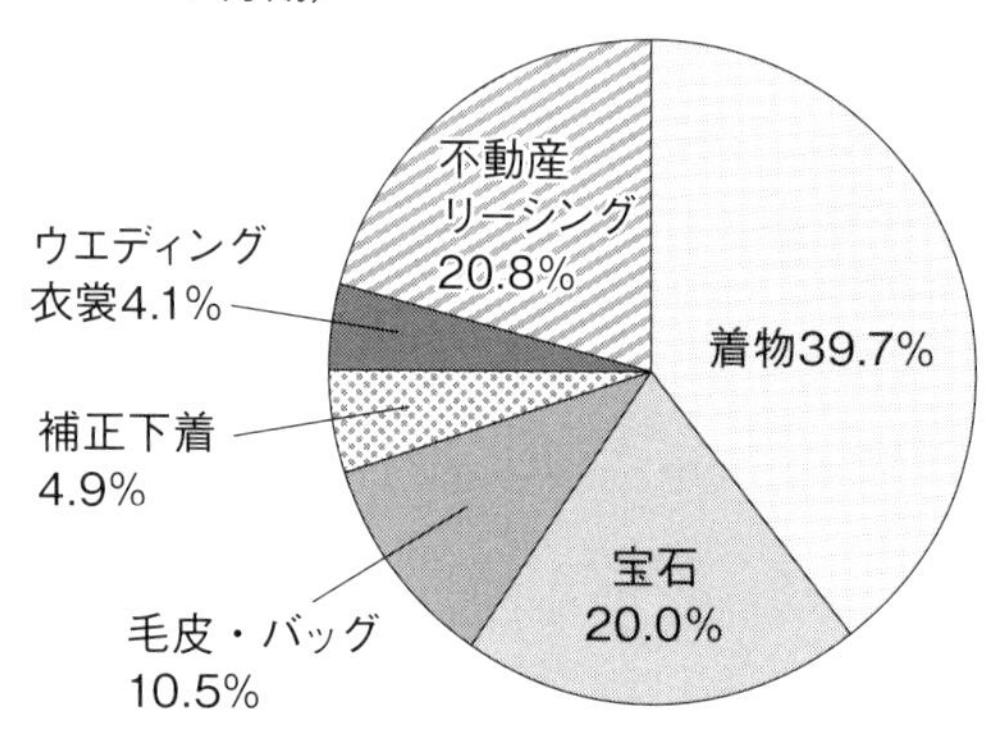

（出所）どりむ社編『三方よし　ツカキのいまむかし――ツカキグループ創業150周年誌』（どりむ社、2016年、59ページ）を参考に筆者作成。

第1章に掲載した塚本喜左衛門社長の講演で「三分法」という耳慣れない言葉があった。塚本社長は、この「三分法」に基づく多角経営を行うことで、リスクの最小化を図ると語っている。ここでは、グループ経営の全貌を見ていく。

ツカキグループは「和装卸」として創業した。「宝石・毛皮・バッグ」、「補正下着」、「ウエディング衣裳」と事業を拡げ、高度経済成長期にはじめた「不動産リーシング」も伸張している。少し古いデータだが、二〇一六年七月期の事業別の売上高比率は、着物三九・七パーセント、宝石二〇・〇パーセント、毛皮・バッグ一〇・五パーセント、補正下着四・九パーセント、ウエディング衣裳四・一パーセント、不動産リーシング二〇・八パーセントである。宝石、毛皮・バッグ、補正下着、ウエディング衣裳の事業を合わせると全体の約四割を占め、不動産業も二割超に達している（**図4－1**参照）。和装は需要の縮小が明らかである。宝石や毛皮といった和装以外の商品を取り扱い、財務基盤の強化を目的とした不動産業も展開することで、不測の事態に耐えうる体制を構築していることが分かる。

三分法に基づく経営

二〇二三年時点において、ツカキグループを構成する主な企業は、和装の製造卸である「**塚喜商事株式会社**」と「**京都和装株式会社**」、宝石・毛皮・バッグの卸である「**ツカキ株式会社**」、ブライダル貸衣装業の「**マリエクラッセ株式会社**」、補正下着メーカーの「**株式会社タムラ**」、不動産リース業の「**株式会社京都産業センター**」である。

先代の五代目が不動産業に進出し、その後を継いだ現社長（六代目）が多角化を推し進め、グループ経営を確立した（次ページの**表4－1**参照）。

ちなみに、二〇二三年七月期のグループ全社の売上高を足し合わせると七二億七八〇〇万円に達する。申告利益は一〇億七八〇〇万円、従業員は二八〇人余りである。

表4－1　ツカキグループの多角経営の流れ

1867（慶応３）年	３代目喜左衛門が京都で、染め呉服問屋「塚本喜左衛門商店」を創業。
1964（昭和39）年	５代目が（株）京都産業センターを設立し、不動産業へ進出。
1975（昭和50）年	６代目がツカキ（株）を設立し、宝石・毛皮等の取り扱いをはじめる。
2001（平成13）年	６代目が（株）アンツカキを設立（後に塚喜商事（株）東京事業部に統合）。
2002（平成14）年	６代目が東京コスチュームサービス（株）（現・マリエクラッセ（株））をM&Aし、ブライダルの貸衣装業に参入する。
2004（平成16）年	６代目が京都和装（株）をM&Aし、加賀友禅などの染色分野を強化する。
2011（平成23）年	６代目が（株）タムラをM&Aし、補正下着の製造卸を事業に加える。
2014（平成26）年	６代目が（株）西陣あさぎから事業を継承し、塚喜商事（株）あさぎ事業部が発足、西陣織の製造に乗り出す。
2017（平成29）年	６代目が（株）京朋を設立し、京友禅の製造分野へ進出。
2019（令和元）年	６代目が鳴滝クリエイティブセンターを改修。西陣織あさぎ美術館を開設。

（出所）ツカキグループホームページ「ツカキグループのあゆみ」https://www.tsukaki.com/about/history.html（2023年11月４日確認）、喜左衛門ブログ「三兄弟の早朝ミーティング」https://www.tsukaki.com/kizaemon/2019/9814/（2019年11月11日投稿、2023年11月４日確認）、「西陣織美術工芸 あさぎ スタートしました。」https://www.tsukaki.com/kizaemon/2014/1276/（2014年１月８日投稿、2023年11月４日確認）を参考に筆者作成。

祖業の和装事業

まず、ツカキグループの祖業である和装部門を詳しく見ていこう。グループの歴史は、塚本喜左衛門商店にはじまる。三代目が、一八六七（慶応三）年に染め呉服問屋を京都で開業した。一九一四（大正三）年には、「鷹の羽印」の黒紋付染めが宮内庁御用達の栄誉を賜っている。第二次世界大戦中は一時閉店を余儀なくされたが、一九四六（昭和二一）年に、先代の五代目が呉服の現金問屋として再スタートさせた。その三年後の一九四九年には株式会社に改組して、塚喜商店（株）、つまり現在の塚喜商事（株）が誕生した。

塚喜商事（株）は、二〇二三年現在、「京都」、「あさぎ」、「東京」の三事業部で構成されており、和装の製造と卸を担っている。また、第３章でも紹介したように、グループの拠点である四条烏丸の本社ビル内に、二〇一九年、「西陣織あさぎ美術館」を開設した。

京都事業部は塚本喜左衛門商店時代からの和装事業を継ぎ、取扱商品は、振袖や留袖、訪問着、附下（つけさげ）から、コート、袋帯、和装小物までと幅広い。また、結城紬、黄八丈、大島紬、琉球びんがた、宮古上布といった全国各地の逸品を取り扱い、豊富な品揃えを誇っている。三〇代から四〇代の従業員を中心に、「お客様と共に発展する」をモットーに掲げ、スピード感とチャレンジ精神にこだわり、顧客目線の企画や開発に余念がない。

その強みは、卸業者としての企画力や商品開発力、調達力だけではない。自ら西陣織を生産していることだ。製造業に乗り出したのは二〇一四年である。西陣織工業組合のメンバーで高級帯を製織する織元「(株)西陣あさぎ」(京都市上京区、一九三五年創業)が経営不振から事業停止に追い込まれたため、取引先であった塚喜商事(株)が事業を継承している。

西陣織の柄(文様)の細かさは、ジャガードの口数(経糸を上げる針の本数)と綜絖(そうこう)(ジャガードと経糸を規則的につなげた糸)のつくり方によって決まり、ジャガード機には四〇〇口(約四〇〇本の針がある)、六〇〇口、九〇〇口、一二〇〇口などがある。一八〇〇口と針数が多いジャガード機で精緻な織物を生み出す(株)西陣あさぎの高い技術力は、塚喜商事(株)のあさぎ事業部で生き続けている。

また、(株)西陣あさぎが西陣織工業組合から得ていた証紙番号[1]「577」も塚喜商事(株)が継承している。塚喜商事(株)は、(株)西陣あさぎの技術やブランドを守るとともに、オリジナリティの高い西陣織を自ら生産して他社との差別化を図っている。

東京事業部は、京都事業部と同じく和装の卸業をメインで行っている。ユネスコの特別維持会員として活動し、世界遺産の貴重な姿を描き続けている作家の白川丈山(しらかわじょうざん)や草木染作家の坪倉(つぼくら)優介(ゆうすけ)[2]らと組んで、多彩なオリジナル商品を打ち出している。

二〇〇四年にツカキグループに加わった和装卸の京都和装(株)(一九六八年設立)は、京呉服や加賀友禅を中心に扱い、オリジナル素材の紬・紗、小紋やコート、染帯などのアイテムを提供している。「一瑞庵」や「いろは」といった工房作家の企画や顧客参加型企画の商品化、取引先の商品開発なども手掛ける。加賀友禅の振興にも力を入れており、女性作家が新作を競う「選抜女流作家競技会」を毎年主催する。二〇二三年には第四〇回を数えた。

さらに二〇一七年には、京友禅の製造卸、京朋（株）（京都市中京区、一九五五年設立）の事業を継承し、一〇〇パーセント出資の新会社、（株）京朋を設立した。グループは、京朋（株）が所有していた古い京友禅工場をリノベーションし、二〇一九年には鳴滝クリエイティブセンター（京都市右京区）としてオープンさせた。詳細は後述するが、御室（おむろ）の仁和寺から高雄の神護寺に向かう周山街道を途中で左に折れ、御室川を越えたところにある。センターには、墨流し染めの「薗部染工」、辻が花染めを手掛ける「創作小倉」、金彩友禅やろうけつ染めを行う「川友工芸」などが入居している。

（1）　証紙番号とは、「この織物は、正真正銘の西陣織である」と西陣織工業組合が証明するものである。

（2）　一九八九年、大学一年の時にオートバイの事故で記憶を失うが、その経験に基づく著書『ぼくらはみんな生きている――18歳ですべての記憶を失くした青年の手記』（幻冬舎、二〇〇一年）を出版し、二〇〇三年にはテレビドラマ化（テレビ朝日）された。染色家としては、一九九六年に京都の染色家・奥田祐斎に師事し、草木染め作家として活動後、二〇〇六年、大阪市内に「ゆうすけ工房」を設立。

宝石・毛皮などの非和装事業

塚本社長は、大学卒業後、大手小売業での勤務を経て、一九七二年に塚喜商事（株）に入社し、そのわずか三年後の一九七五年、近江商人の教え「三分法」に従い、ツカキ（株）を設立した。先代から事業を継承するにあたり、企業経営のノウハウを習得したいとの気持ちもあった。新事業として着目したのが、和装商品と同じく高額で、女性ファッションの範疇に入る宝石や毛皮である。

指輪やネックレス、毛皮、レザーなどを買い付け、和装製品の展示会場で販売したところ、着物を買い求める顧客が宝石や毛皮製品にも関心を示し、購入するようになった。「既存の顧客（市場）」に対して「新たな商品」を提供する戦略が見事に的中した。

宝石に関しては、ダイヤモンド、カラーストーン、パールなどを幅広く取り扱い、専属デザイナーを抱えてオリジナルブランド（「プリムローザ」など）も展開し、グローバル化も進めている。二〇一一年には、香港で開かれる世界有数の宝石コンベンション（展示会）に初めて出展し、その後、タイや台湾のコンベンションにも参加している。

商品の仕入れでも、鉱山のあるマダガスカルやタンザニアなどに社員が出向き、現地で原石を買い付けるようになった。原石の採掘から加工までかかわることで、多彩な商品が提供できる。毛皮やレザー、アパレル、バッグなども海外へ買い付けに出掛け、目の肥えた顧客を満足させる商品を取り揃えている。

さらに、二〇〇二年には、東京コスチュームサービス（株）に対してM&Aを行い、ブライダルの貸衣装市場に参入した。二〇二三年現在、マリエクラッセ（株）（東京都中央区）が、ハイアットリージェンシー京都やホテル ザ・マンハッタン（千葉市）などのドレスサロンや、ヨーロッパから仕入れたハイブランドのウエディングドレスから白無垢や色打掛まで幅広い品揃えが自慢の旗艦店（「銀座マリエクラッセ」と「マリエクラッセ京都店」）を運営しており、ブライダルおよびフォーマルコスチュームの企画も手掛けている。

二〇一一年にM&Aした（株）タムラは、補正下着のニーズを探るマーケティングから企画・デザイン、販売までを一貫して行っている。「いい物しかつくらない」とカッティングの技術やデザインに徹底してこだわり、身につけていることを忘れるほどの「着心地」を追求してきた。その成果とも言えるのが、二〇一五年度のグッドデザイン賞（公益財団法人日本デザイン振興会）の受賞である。ワイヤーを使わないボディスーツは、動きやすさや補正などの機能性、着心地などの実用性、レース素材とフォルムなどのファッション性を兼ね備えながら、少ないサイズ展開で全ユーザーに対応可能な点が高く評価された。

同社は「ヨーコ・インティマ」や「エパリナ」などのオリジナルブランドを中心に商品を展開し、専門店、問屋、百貨店などに卸すだけでなく、WEBやTVショッピングなどのチャネルを通じて個人の顧客に直接販売している。自社製品を多様なチャネルで市場にアピールする（株）タムラは、室町問屋として長く生きてきたツカキグループに新たな刺激を与えることになった。

財務基盤を盤石にする不動産事業

先代である五代目（現社長の父親）は一九六四年、京都市の支援を得て、東京・日本橋に（株）京都産業センターを設立した。京都企業の販売拠点を構築することが目的だったようだ。土地を購入し、七階建て（地下二階）のビルを新設した。当時、京都の産業界を支えていた繊維業者らが進出したという。二〇二三年現在は、マリエクラッセ（株）の本社、塚喜商事（株）およびツカキ（株）の各東京営業部が入居し、ツカキグループの東京拠点としても活用されている。

先代は一九七〇年代に入ると、財務強化のため、不動産事業を本格化させた。「三方よし」の「売り手よし」を担保するための一手であった。何らかの理由で本業が立ちゆかなくなっても存続し続けるため、言い換えれば、自立性を高めるためである。グループとして現在、仙台や東京、滋賀、京都、大阪、福岡、ニューヨークなどに約六〇棟の商業施設やオフィス、マンションを保有し、その運営にあたっている。

不動産の管理・運営では、「自社の利益だけでなく、お客様の立場で考え、行動する」ことを基本姿勢とする。近江商人は古来、他地域に進出し、そこに拠点を構えて商売した。顧客や地域社会から愛されなければ商いは続かない。「三方よし」を経営理念に掲げるツカキグループも、それをいかに実現するか、その手腕が常に問われている。

商業施設やオフィスビルを購入した場合は、その建物の利用者ニーズを熟考し、リノベーションを行う。それを示す一つのエピソードとして、滋賀県のＪＲ草津駅近くの「星空館」がある。一九八九年建築の四階建て商業・オフィスビルで、証券会社や歯科医院などがテナントとして入居している。ツカキグループは二〇一三年に同ビルを取得し、翌年に大規模なリノベーションを実施した。外装工事だけでなく、段差を解消するバリアフリー化や身体障害者用トイレの新設、防犯カメラの設置などで、同ビルは快適で安全な空間に生まれ変わった。利用者ニーズを意識することでビルの人気は高まり、空き室がなかなか埋まらないという前オーナーが抱えていた課題は解消された。〝売り手〟である同グループにとっても納得の結果である。

さらに、「星空館」というビルの名前も継承した。前オーナーの想いや、地域の人々がその建物とともに過ごしてきた時間や思い出を大切にしている。ツカキグループらしい配慮が垣間見える。

商業・オフィスビルだけでなく、マンションの管理に関しても、設備の充実や使い勝手のよさには徹底的にこだわってきた。管理物件の快適性・安全性を高めることで、景気の影響を受けにくくなり、近隣の競合マンションとの差別化も図ることができるためである。結果的に、高い稼働率を維持でき、不動産事業の収益力も向上している。

ツカキグループは、登録有形文化財を含む文化的施設の保存や再生活動にも取り組んでいる。詳細は後述するが、自身の利益追求と、歴史や文化の維持・保存、地域の将来をにらんだまちづくりを両立させる巧みな手腕に、グループの本領が発揮されている。

以下では、ツカキグループの伝統の文化や技術、環境保全などへの取り組みを詳しく説明していきたい。

和装製品の伝統技術の保護と継承

ツカキグループは、和装分野における伝統技術の保護と若手職人への継承に力を入れている。その一つが「鳴滝クリエイティブセンター」である。グループは、京友禅の製造卸、京朋（株）の事業を継承した後、同社が所有していた染め工房を大規模にリノベーションし、鳴滝クリエイティブセンターとして生まれ変わらせた。二〇一九年のことである。

立地するのは、御室川（おむろがわ）が流れ、森林が広がる自然満載のエリアである。より分かりやすく言えば、仁和寺の西北、約一キロのところにあり、周山街道をさらに北上すると、『女ひとり』（作詞・

永六輔、作曲・いずみたく）で有名な栂尾（とがのお）の高山寺にたどり着く。

先にも述べたように、センターでは、複数の染め業者が仕事をしており、その一つである「薗部染工」は「墨流し」という技法で生地を染めている。この技法は、平安時代の王朝貴族が川に墨を流し、模様の変化を楽しんだことが起源とされる。その後、宮廷の女人たちが、水盤に墨や松やにを落とし、その模様を写しとった短冊や色紙に詩歌を綴るようになった。このような墨流しの遊びが装飾技法の一つとして一般化し、かな書き用料紙などの意匠として応用され、江戸時代以降は布を染める手法としても使われている。

どのような工場で染めているのか。墨流しによる染め作業を間近で見たという人はそれほど多くないだろう。鳴滝クリエイティブセンターは、一般には公開されていない。そのため、㈱京朋の社員である藤本悠希さんに案内していただいた。周山街道から狭い小道に入っていくとセンターが見えてくる。道案内がなければ、閑静な地域に染め工場があると気付くことはないだろう。

薗部染工は、墨流し染めの技術を革新し、京友禅の一つの技法として確立した薗部正典（そのべまさのり）氏（一九三八〜）が一九七〇年に創業した工房で、二〇二〇年に同氏の意志を受け、㈱京朋が事業を継承した。

鳴滝クリエイティブセンターの外観

薗部染工は、現在、（株）京朋の一事業部門に位置づけられている。

工房は敷地の奥まったところにある。建物内に入ると左手に反物を染めるための細長い水槽が、右手には、アパレルやバッグに使うレザーを染めるための巾広い水槽が設置されていた。この日、幅広い水槽は作業台と化しており、新聞紙と、細い棒の両端にステンレスの針が付いている伸子（しんし）が置かれていた。伸子とは、反物（たんもの）を染織する際に生地のたるみを解消するためのものである。さらに、天井から染め上がった複数の反物が吊るされていた。端から端まで模様が並び、配色も含めてとても魅力的である。

また、右手前にはこれまでにつくられた製品が模様のサンプルとして整理されていた。このサンプルを用いて、これから制作する商品の打ち合わせを行う。

「水槽に何色の染料をどの順番で入れて、どのように染料を動かせば、最終的にどんな模様が描けるのかを熟知している職人でなければ、細かい注文に応じられません。だから、職人が主体となり、打ち合わせをしています」

模様のサンプル

レザー用水槽

と藤本さんは言う。クライアントの意向に沿った模様を描く、職人の技術力と経験値がこの工房の強みだと感じた。

この日は、実際に染めている様子を見学させてもらった。長い水槽を使った染色は、想像していた以上にきめ細やかな作業の連続である。

水槽の表面に浮かんだ気泡を取り除く作業からはじまる。気泡が入ると、染料を入れた際に色むらが生じたり、気泡の部分が上手く染まらなかったりするため、この下準備が極めて重要になる。気泡を消し去るには、水分を適度に吸収しながら、すぐに破れるほど柔らかくもない新聞紙が適している。何度も水槽の端から端まで新聞紙で水面をなぞることで、気泡を取り除いていく。さらに、わずかに残った細かな気泡を目視で確認しながら、指で取り除いていた。

気泡がなくなると、水槽に染料を入れていく。このときに使われていたのは、吹き付け用のハンドスプレーである。色が混ざらないよう手早く染料を入れる必要があるからだ。

手製の櫛を使い模様を描く

新聞紙や指で水槽内の気泡を取り除く

染料の成分や分量は、模様に合わせて調整している。

染料を入れると、次は手製の櫛を使い、水槽の端から端まで一定の力加減と速度で模様を描く。手元がぶれないように櫛を通している。極度の緊張感があった。櫛を通すたびに模様が複雑になっていく様子に惹きつけられる。

模様が決まると、反物（たんもの）を水槽の水面にあてて模様を写す作業である。三人の職人が反物の両端と中心を持ち、反物を一気に水面にあてる。このとき、空気が入らないように気を配りながら模様のズレに注意する。水面に反物をあてるのは一瞬だったが、しっかりと全面に模様が写っていた。

模様を染めた面を上にして天井に吊るための準備をする。それが終わると、反物に水をかけ、余分な染料を落としていく。染め工程では大量の水が使われることをいまさらながら実感する。

薗部染工で働く四人の職人はいずれも女性で、二〇代前半から三〇代までと若い。案内してくださった藤本さんによると、彼女たちの前職はそれぞれ異なり、和装製品を扱う店舗や工房にいたというわけでもないという。みんな、薗部染工の高い技術力に惹かれ、就職したのである。

鳴滝クリエイティブセンターの一階には、催事販売も可能な一角があり、二階には、ワークショップも開催できる「体験室」がある。そこでは、昔の写真や道具を紹介しているコーナーもあった。

これまで、西陣織という「織りの世界」しか見ていなかった筆者（増田）にとって、「染めの世界」である鳴滝クリエイティブセンターの見学は極めて新鮮で、何人もの職人が紡いできた伝統技術の魅力を肌で感じることができた。忙しい時期にもかかわらず、案内してくださった藤本さんや見学を受け入れてくれた職人のみなさんに感謝の意を伝えたい。

「三方よし」に基づく環境保全

近江商人の精神「三方よし」を経営理念に掲げるツカキグループは、ビジネスを通じて環境保全にも取り組んでいる。

最近、力を入れている事業の一つが真珠の魅力発信であり、ファンづくりである。取引先の養殖業者や加工業者からあこや貝の稚貝の大量死を耳にし、一〇〇年以上の歴史がある「あこや真珠養殖」に危機感を抱いたことがきっかけとなった。

日本の真珠文化を守り、養殖技術を絶やさないためには、市場の

ワークショップもできる「体験室」

工房や道具の紹介コーナー

すそ野を広げる必要があるが、真珠は総じて「高価なもの」とか「冠婚葬祭で身につけるもの」といった印象が強い。そこでツカキグループは、「普段使い」がしやすいデザインの真珠を、手ごろな価格で提供しようと、二〇二二年、「あこや真珠」の魅力を届けるプロジェクトを企画した。クラウドファンディングで資金を募り、返礼品として「あこや真珠」のブレスレットやネックレスなどを送った。集めた資金は、「あこや真珠」の仕入れや販路の開拓に利用したという。

こうした取り組みを通じて真珠の魅力を知り、買い求める顧客が増えれば、真珠の養殖業者や加工業者の仕事も増え、消費者と生産者を仲介するツカキグループも潤う。結果として、真珠文化の維持にもつながるので、まさに「三方よし」である。

同じ発想で、鹿革を使った商品づくりにも取り組んでいる。近年、野生のシカが増加したことでその生息地域も広がり、農作物や森林に及ぼす被害が全国的な問題となっている。これに対してツカキグループは、「既成概念を覆す」として、シカの命を何か新しいものに変えて世に出したいと考えた。

そうして生まれたのが、獣害対策に伝統技法の継承を掛け合わせたプロジェクトである。協力先の長野県小諸市から譲り受けた鹿革に、薗部染工で「墨流し染め」の装飾を施し、一点ものの財布やバッグなどを生産し、販売している。

「あこや真珠」や鹿革に対する取り組みは、短期的に見れば、ツカキグループの業績に必ずしも直結するわけではない。「世間よし」をアピールするためのパフォーマンスだと感じる方もいるかもしれないが、「三方よし」を長年にわたって標榜してきたツカキグループである。自らの存続が確固たるものでなければならないとする「売り手よし」をいかに実現させるか。商売人としてのシビアな視点で、売り手と買い手と世間（社会）がともに果実を手にできる仕組みづくりに知恵を絞っている。このあたりの詳細については次章に譲りたい。

歴史的な建物の保存・再生

ツカキグループ、とりわけ塚本社長は、伝統文化や建築に対する思い入れが強く、その保存や再生にも意欲的である。社長は、風情ある美しい景観を地域挙げて守ってきた滋賀県の五個荘（ごかしょう）で生まれ育った（第６章参照）。そのせいなのだろう。「古い建物に愛着を感じる」という。町並み保全地区（重要伝統的建造物群保存地区）に選定された五個荘金堂町にある本宅は、外観を当時のままに保ちつつ、修復をしながら、長きにわたって大切に維持されてきた。その経験がレトロなビルや京町家などの保存・再生に活かされている。

歴史ある建物は、そもそもどのような経緯で入手されているのだろうか。また、その保存・再生にどのように取り組むのか、どこに手を加えるのか、その差配は極めて難しい。五個荘の本宅を訪れたことがある筆者は、ツカキグループが有する歴史的な建物の竣工当時の世相や職人の技などに想いを馳せつつ、どのように改修し、利用されているのかをじっくりと味わいたいと、現場に足を運ぶことにした。

まず、ツカキグループの本社ビルから徒歩一〇分程度のところにある「ＳＡＣＲＡ（さくら）ビル」から紹介していこう。

SACRAビル

三条通と富小路通が交差する角にＳＡＣＲＡビルはある。一九一六（大正五）年に不動貯金銀行の京都支店として竣工された。円形や四角形といった幾何学的な意匠が目を引く。大正時代に流行した「セセッション」と呼ばれるデザインが施されており、国の有形文化財（一九九七年登録）にも指定されている。ツカキグループが、同ビルを入手することになったのは、大阪の繊維専門商社から、その子会社だった京都和装（株）に対して二〇〇四年にＭ＆Ａを行ったからである。同ビルは京都和装（株）が所有しており、一九八八年にファッションビルとしてリニューアルしている。

富小路通から見たSACRAビルの側面

真正面から見ると、白が基調の重厚な洋風建築で、銅板葺の青緑の屋根がアクセントになっており、大正ロマンを十分に感じさせる。地上三階、地下一階の建物は木骨煉瓦造で、ビーズやボタンの専門店、生花の風合いを残したまま長期間保存できるプリザーブドフラワーショップ、北欧雑貨やヴィンテージジュエリーなどを扱うセレクトショップといった個性的な店が入居し、地下一階にはショットバーもある。

外から建物の中は見えづらいが、足を踏み入れると、どこか昔懐かしい雰囲気が漂っている。廊下を進むと階段があり、上っていくと途中で石仕上げから木製に変わり、そのまま三階まで続く。手すりや各店舗のドアも凝ったデザインである。建物やアンティークに興味のある人を虜にする魅力が詰まっている。

SACRA ビルの2階のショップ

SACRA ビルの木造階段

北隣には、現代的なビルが建つ。ツカキグループが二〇〇七年に新設した「SACRA ANNEX」で、SACRAビルに意匠を合わせており、内部でもつながる。ちなみに、「SACRA ANNEX」には、歯科医院や結婚指輪・婚約指輪のセレクトショップなどがテナントとして入居している。

有形文化財の建物に隣接して、新たに建てた商業ビルもテナントが集まる人気物件となっており、「SACRAビルとSACRA ANNEXとの一体運営で、ビジネスとしてしっかり成り立っています」と話す塚本社長の手腕が光る。

三条通は、明治時代に、京都のメインストリートとして洋風の建築物が建ち並んだエリアだ。京都文化博物館別館（旧日本銀行京都支店）や日本生命京都三条ビル旧棟（旧日本生命京都支店）などが往時の姿を留めており、現代風に生まれ変わった建物や、そこに入居するファッショナブルな店舗に惹きつけられた若者や観光客でにぎわっている。建物の魅力を引き出し、洗練された空間をつくり出す塚本社長の力を実感する。

招喜庵

節分祭で知られる吉田神社（京都市左京区）のほど近くに、昭和を代表する庭園家、重森三玲（一八九六〜一九七五）の旧宅がある。東福寺方丈庭園や大徳寺瑞峯院などの作庭で知られる三玲は、一九四三（昭和一八）年に吉田神社の神官の末裔から邸宅を譲り受け、二つの茶席（無字庵、好刻庵）をしつらえ、枯山水庭園を自作した。主屋を住居とし、書院と茶室で客人をもてなしたという。

主屋は享保年間（一七一六年～一七三六年）、書院は寛政元（一七八九）年ごろと、いずれも江戸中期に建てられたもので、神官建築の趣を伝えている。書院と茶室（無字庵）は二〇〇五年、国の有形文化財に指定されている。

この重森三玲の旧宅を、重森家とともに運営・維持しているのがツカキグループである。東側の書院・庭園部は重森家が「重森三玲庭園美術館」として独自に管理し、予約制で一般に公開している。西側の主屋部は重森家から託されたツカキグループの塚本社長が「招喜庵」として保全している。その名には、「喜びを招く」という思いが込められている。

二〇二三年の一一月の週末、重森三玲の旧宅を訪ねた。学園祭でにぎわう京都大学吉田キャンパスから少し路地を入った静かな住宅地の一角に白壁の屋敷があった。「重森三玲旧宅　主屋書院　庭園」の表札がかかった長屋門を入ると、真正面に「招喜庵」の玄関が見える。建物の右側（増築部・旧書院）はお茶室なのだろうか。障子の桟が格子ではなく、斜めに設計されている。三玲らしい斬新なデザインである。

「重森三玲庭園美術館」の予約時間になると、長屋門を入って右手（東）側の戸が開き、入館を許された。「招喜庵」（主屋）の東側に建つ書院とその南側に広がる抽象芸術のような庭園を眺めながら、さらに奥に進むと茶室の「好刻庵」がある。市松模様を基調とした襖絵（ふすまえ）が目をひく。

その一方で、書院の縁側の前にある平たい大きな石は、三玲が神官の邸宅を譲り受けたときのまま残されている（写真参照）。神官や来客者が吉田神社に向かって拝むための「礼拝石」だったという。社家屋敷に重森が手を加えたことによって、重森三玲旧宅の歴史的価値が格段に高まったことが随所で実感できる。ただ、三玲亡き後、広大な土地家屋の相続が重森家にとって悩ましい問題となった。館長を務める美術家の重森三明（みつあき）さんは三玲の孫である。

「重森家は芸術家肌の人が多く、ビジネスに疎いところがありましたが、社交的だった母が、親交のあったツカキグループの社長さんにいろいろ相談していました」

その後、保存活用の取り組みを経て、旧宅を後世に残す方向で遺族の思いがまとまり、一旦、他社による事業化ののち、主屋側は塚本家が取得した。

塚本社長も、「重森家とは五〇年来の付き合いがありましたので」と振り返る。主屋の改装にあたっては、三明さんが協力しながら三玲のデザイン意匠を復刻したという。その後、主屋は「招喜庵」としてツカキグループが活用している。一般に公開されていないため、「招喜庵」についてはツカキグループへの取材や関連資料をもとに紹介していきたい。

「招喜庵」の室内では、三玲のデザインした障子や襖を見ることができる。外側から日の光が差

重森三玲旧宅の門

「招喜庵」の外観

「重森三玲庭園美術館」、書院からの眺め

し込むことを計算して、円月形が浮かび上がる細工をした障子がはめられている。また、襖（ふすま）は、銀色と水色という色味の合わせ方や、山や波などを連想させる白抜きの模様が奇抜で、既存の概念を打ち破る。畳や障子、襖といった日本古来の素材に、アバンギャルドなデザインが施されており、三玲ならではの美意識が感じられる。

　古い土間は、上に板を張ったフローリングで、テーブルやイスを置いて現代の生活様式に合わせたダイニングに模様替えを行っている。他方、竈（かまど）でご飯を炊く「おくどさん」を残すなど、どことなく昔の暮らしがうかがえ、当時の雰囲気も伝わってくる。

「招喜庵」は、文化芸術関連のイベント、ツカキグループによる賓客のおもてなし、社員や役員の研修会などで活用されている。また、結婚式の会場としても利用できるようだ。江戸時代の建築物や三玲が手掛けたモダンな庭園を愛でながら老舗の京料理を味わう。京都らしさを満喫しながらのアットホームな式となるだろう。チャンスがあれば、ぜひ建物内を「探検」してみたいものだ。

「招喜庵」は、商業ベースのＳＡＣＲＡ（さくら）ビルとは異なり、ツカキグル

「招喜庵」の室内の襖

「招喜庵」の室内の障子

ープの「迎賓館」としての役割を担っているようだ。伝統文化の保存・再生事業といっても、その位置づけは一様ではない。

旧室町呉服問屋の京町家「ザターミナルキョウト」

最後に紹介するザターミナルキョウトは、室町の呉服問屋が昭和初期に建てた京町家（京都市下京区）である。仏光寺通と新町通の交差点を少し下がったところで、ツカキグループの本社ビルから歩いて数分のところにある。目立った案内表示や看板が出ていないため分かりにくいかもしれない。ミシュランの星を獲得している京料理の名店「木乃婦」を目指せば、その筋向かいにある。普段、新町通の人通りはさほど多くはないが、祇園祭ではメインストリートの一つとなり、この建物の前に、天照大御神の岩戸隠れの伝説にちなんだ「岩戸鉾」が立つ。

歴史を遡ると、この京町家は、日本が昭和恐慌（一九三〇年〜一九三一年）からの回復基調にあった一九三二（昭和七）年に、呉服問屋「木崎呉服店」によって建てられた。かつての京都は繊維が主力産業で、室町の呉服問屋といえば、京都経済を背負って立つ存在であった。京都・室町の旦那衆には豊富な財力と高い教養があり、しかも、当時の日本は、和洋折衷の「昭和モダン」が都市部を中心に醸成されるなど、生活文化は高い水準に達していた。京町家の建築技術も最高潮にあったとされる。

二階建ての町家は、間口約九メートル、奥行き五〇メートルの典型的な「うなぎの寝床」である。道路に面して仕事場が置かれ、その奥が住まいで、坪庭のほか、大きな奥庭もあり、茶室は得意先のもてなしや展示会場としても使われていたという。

木崎家から町家を譲り受けた塚本社長は、「現代風にアレンジするのではなく、本来の姿、原型に戻す」をコンセプトに、二〇一三年に復元工事に着手し、翌春にかつての姿を蘇らせた。二〇一四年以降は「ザターミナルキョウト」の名前で親しまれている。

紅殻格子の出窓に、聚落壁（じゅらくかべ）、銅の樋と、確かに外観は昭和初期の原型に復元されている。訪れたとき、入り口にイベント案内が立てられていた。中に入ると、天井が高く、靴の音が響く。あまりにも静かだ。土間の先（奥）に靴が並べられていた。

少し重いガラス障子を開けて部屋に上がると、右手

旧室町呉服問屋をリニューアルした「ザターミナルキョウト」

岩戸鉾　© 江戸村のとくぞう

にコーヒーを飲みながら読書をしているブロンド髪に青い目の男性がいた。座布団に座り、京町家での一服を楽しんでいるようだ。その部屋の奥には立派な庭が広がっている。一階の座敷は、隠れ家的なカフェスペースとして営業されている。

右手前にある階段を上る。急な勾配は「京町家ならでは」である。二階の座敷は展示スペースとして使われており、廊下から階下の中庭を眺めることができた。

飾り窓や天井などの細かいところにまでこだわりや遊び心が感じられ、時代を超えた魅力がある。現代風にアレンジされていない「本物」に魅了されたのだろう。ザターミナルキョウトは、二〇一四年のオープン以来、カフェ併設のアート系ギャラリーとして知られるようになってきた。

建物自体はツカキグループが所有しているが、実際の運営は、経営支援やイベント企画などを手掛ける専門の業者に委ねている。

飾り窓

2階の床の間（展示スペース）

新型コロナウイルス禍と多角経営

ツカキグループは、和装卸業をベースに、宝石・毛皮、レザー、アパレル、バッグなどのファッション製品の取り扱いをはじめ、補正下着や貸衣装業にまでその範囲を拡大した。既存市場に新しい事業を展開する戦略は功を奏し、事業領域の多角化が進んできた。祖業の和装事業も、卸だけでなく、西陣織や友禅の製造にも乗り出している。今や、同グループは製造から卸、小売までの業態を抱え、生産から販売に至るさまざまなノウハウを蓄積し、幅広いネットワークを構築している。

こうした多角化のメリットは、コロナ禍においても存分に発揮された。宝石や毛皮、アパレルの売上は落ち込んだが、ウエディングや不動産は堅調だったという。不動産業では、手堅い家賃収入に加え、地価が下がったタイミングで不動産を購入し、地価が回復すると素早く売却するというキャピタルゲインも手にしている。講演でも取り上げられていた「ピンチはチャンス」がまさに実践されていたわけである。

多角化は為替変動にも強いようだ。近年の円安傾向で、国内市場の売上は芳しくないが、外国人に対しては円安が追い風となっている。訪日観光客が増え、宝石や毛皮などの高額品が順調に伸びている。和装製品は国内市場が対象となるが、宝石や毛皮、アパレルなどは国内よりも国外市場がメインである。国内向けと海外向けのビジネスをあわせもち、不動産事業も展開している。「三分法」の教えは、さまざまな危機を乗り越えるための基本ルールであることが改めて認識される。

和装市場が縮小するなか、不動産事業を手掛けている室町問屋は少なくないが、ツカキグループほど本格的に事業展開しているところを筆者は知らない。また、同グループの特徴として、M＆Aによって新事業を展開するという点を挙げることができる。ゼロから新事業を立ち上げれば成長させるまでに時間がかかり、頓挫するというリスクもある。しかし、M＆Aなら、すでに軌道に乗っている事業を取得し、既存事業とのシナジー効果も期待できる。

同グループは、「三分法」の教えに従って、「ヒト・モノ・カネ・情報」という経営資源を分散させ、リスクの最小化を図っているが、そのプロセスでもリスク軽減が強く意識されている。

和装業界では、高齢化による職人不足が深刻化している。つくり手が少なくなれば室町問屋としての存在基盤が揺らいでくる。ツカキグループは、若手職人を育てるために、ものづくりの場を整備し、彼らが手掛けた製品を市場に届ける努力も惜しまない。西陣織あさぎ美術館では、西陣織の歴史、技、製品に込められた思いなどの発信にも力を入れている。こうした活動は、現在の和装業界に強く求められていることだろう。

さらに、近江商人の精神である「三方よし」に基づき、歴史的な建造物の保全や再生にも取り組んでいる。「招喜庵」や「ザターミナルキョウト」はその一例で、建物を改修・保存することで、建設当時の技法や歴史、当時の生活文化などを次世代へ継承しているのだ。

このように「三分法」や「三方よし」は、ツカキグループの経営に強く反映されている。同グループが、創業当初から変わらずにこうした理念を継承し、事業を続けてこられたのは、ファミリー勉強会や別家会（べっけかい）などの地道な取り組みが奏功したと考えられる。次章では、そうした「人」にスポットライトを当てることにする。

第5章

別家(べっけ)と大番頭さんにインタビュー、そしてファミリー勉強会に参加

2024年の別家新年会

ツカキグループが、近江商人の代名詞とも言える「三方よし」をベースにして企業活動を展開している様子は、第1章に掲載した六代目塚本喜左衛門社長の講演によってお分かりいただけたと思う。講演後に学生も質問をしていたが、耳慣れない言葉「別家（べっけ）」という制度についてさらに詳しく知るために私たち（辻田と増田）は、別家の一人にインタビューをすることにした。続いて、社員側の代表として、現在の「大番頭さん」にもインタビューを行っている。

実は、二人へのインタビューの前に、「ファミリー勉強会」にも参加させていただいている。本章では、それぞれの様子を記していくことにするが、まずは「別家」について紹介していきたい。

別家会

ツカキグループ（以下ツカキ）にある「別家会」、この会に参加できるのは「別家」として認められたツカキの元社員や役員である。本社の役員室には、歴代の「別家」約四〇人の写真が掲げられている。現役の経営陣は、彼らの視線を感じながらさまざまな決断をこの会議室において下してきた（第1章の写真参照）。

そもそも「別家」とは、商家の奉公人が主人から許可を得て独立する形態のことで、暖簾（のれん）を分けてもらい、本家の仕入先や得意先などを利用して独自に商売したり、通い番頭や支配人などになったりするというシステムである（『ブリタニカ国際大百科事典』小項目事典参照）。

ここで紹介するツカキの「別家会」は、江戸時代から商家に伝わる別家制度の現代版とも言える。「長く同社に勤め（二〇年以上）、その存続・繁栄に貢献し、別家会の既存メンバー全員から承認された功労者だけが『仲間』として迎え入れられる」と塚本社長に説明されたが、このあたりの事情をもう少し詳しく語ってもらうことにした。

塚本　江戸から明治、大正にかけて、近江商人の家では、奉公人を幾度となく選別していました。五個荘（ごかしょう）（滋賀県東近江市）の近江商人は、まず本家で若い奉公人を預かり、女将さんが商売人としてやっていけるかどうかを見極めます。しばらく仕込んだうえで、「あなたは京都の店へ行ってくれるか」、「あなたはご苦労さんやった、実家に戻ってや」などと振り分けるのです。そして、大阪や京都の店に丁稚として奉公した者が三〇代になると、それまでの働きに応じて、暖簾分けするかどうかが検討されます。

確かに、別家には、はなむけの退職金と紋付き袴を受け取って本家から送り出されるという「暖簾分け」のイメージがありますが、この暖簾分けは、会社側からすれば「人材の流出」という問題を抱えることになります。第二次世界大戦後、別家の暖簾分けは激減し、会社に貢献した人という「功労賞」的な意味合いで用いられるようになりました。

では、別家をどのように選ぶのかといえば、別家の最長老あたりから、「ぼつぼつ、こういう人に声をかけたらどうですか」という打診が私のところに来るのです。そこで私が、「そうやね、みなさん、どう思いますか?」と別家の方々にお尋ねします。すると、「それは結構なことで」と歓迎の意が示され、別家入りが決まります。別家候補として選ばれた人に対して反対する権利もありますが、それを行使する人はいませんね。

別家のメンバーは、毎月一回本社に集まり（月例会）、塚本社長から会社の業績や将来構想などについて報告を受けている。もちろん、自らの近況も語り合う。この月例会が終わると、彼らはそれぞれ、かつての同僚や後輩がいる職場を訪ね歩く。参加人数は毎回異なるが、一月と八月は多く、三〇人前後が集まっている。

一月は新年、八月は「八月朔日」、つまり「八朔」(1)の挨拶回りという意味合いがあるのだろう。江戸時代では、徳川家康が江戸城に初めて入った日（旧暦の八月一日）として、大名らが江戸城に集まり、将軍に祝辞を述べていたという。一方、京都で「八朔」といえば、芸舞妓が正装をして、稽古をつけてもらっている家元や師匠、お茶屋のお母さんに挨拶回りをする日（新暦の八月一日）として知られている。

どうやら、ツカキにおける「八朔」は、正月と同じく、お互いのつながりを確認する大切な日であり、別家の出席率が格段に高くなるようである。

さらに秋には、東山・五条にある大谷祖廟に別家が集結する。先輩らが納骨（分骨）されている「功労者の碑」にお参りするためである。すぐ近くには塚本家の墓もある。同じ釜の飯を食べた別家は、ツカキを退職したあとも頻繁に集い、亡くなったあとは同じ墓で眠ることになる（第1章の写真参照）。

別家には、経営権もなければ報酬もない。しかし彼らは、ツカキの経営やオーナー家のありように目を光らせている。経営陣がツカキの存続を危うくするような決断をしようものなら、一家言を放つ権利と監督権を有しているのである。別家は、オーナー家の跡継ぎが愚鈍（ぐどん）なら、若くても「押し込め隠居」（当主の行いが悪く、家の存続が危ぶまれる場合、無理矢理隠居させること）を要求し、番頭が横暴ならキツイ説教を行っている。本家と同じく別家は、ツカキという企業体のさらなる繁栄を願ってやまない存在なのだ。

「『ここまで社長に助言するのはわしぐらいやで、感謝せなあかんで』と、よく言われます」と

（1）旧暦の八月一日に行う行事のことで、収穫に先だつ「穂掛（ほがけ）祭」の際、その年に取り入れした新しい稲などを主家や知人などに贈って祝っていた。のちに、上下貴賤それぞれがこの日に贈り物をし、祝賀と親和を表すようになった。

塚本社長が話すように、別家としての務めに忠実な人が多いようだ。

このようにツカキでは、江戸時代の商家で見られた本家と別家の関係が姿を変え、現在にまで続いている。彼らは、家族さながらの絆で結ばれているように思える。こうした関係性が令和の現代においてもなお存在していることに、驚きを禁じ得ない。

そこで、二〇二三年六月、私たちは別家の一人である東満男さんから話を聞くことにした。東さんに、どのような経緯でツカキに奉公し、別家として認められるに至ったのかを語っていただくわけだ。東さんは、前社長（五代目喜左衛門）と現社長（六代目喜左衛門）に仕えてきた人物である。半世紀もの間、ツカキを支え、その発展を目の当たりにしてきた「生き証人」でもある。

東さんが入社した当時を振り返っておこう。

五代目喜左衛門は第二次世界大戦で兵役に駆り出され、店も一時閉店するという事態となったが、終戦翌年、一九四六（昭和二一）年に呉服の現金問屋として再出発し、一九四九（昭和二四）年に「塚喜商店株式会社」（現在の塚喜商事株式会社）を設立した。その実息である六代目（現社長）が「喜左衛門」を襲名したのは一九八四（昭和五九）年で、同じ年、塚喜商事の社長に就任している。このとき、五代目は会長に退いた。

なお、毛皮や宝石を扱うツカキ株式会社は六代目が一九七五（昭和五〇）年に設立したもので、六代目によってツカキのグループ化が推進されている。

おさらいはこれぐらいにして、東さんに登場していただこう。

経営陣にモノ申す「別家さん」
——和装事業の発展に寄与した東満男さん（インタビュー時・七七歳）

東さんは和歌山県印南町の出身である。県立御坊商工高等学校（現・紀央館高校）を卒業し、一九六五（昭和四〇）年に塚喜商事に入社した。

「同級生の多くは和歌山か大阪で仕事を探していましたが、私は京都で働きたかったのです。塚喜商事に高校の先輩がいて、学校にあった職場報告書には悪いことが書かれていないので、お世話になることにしました」と、東さんは入社の動機を振り返る。塚喜商事や呉服業に対して特別な思いがあったわけではなく、京都という地に引き寄せられたようだ。

当時の京都経済は繊維業によって支えられており、祇園で「お茶屋遊び」に興ずる室町（呉服問屋）の旦那衆も多かった。それほど、京都の和装

にこやかに話しはじめた東さん

業界は潤っていたわけである。塚喜商事のビジネスも盛況で、東さんの同期入社も多く、女子二〇人、男子一四人の合計三四人であった。うち大卒者は一人で、残りは東さんと同じく高卒での入社であった。

見習いとして働きはじめる

東さんが入社した当時は、まだ近江商人の商家的な要素が色濃く残っていた。烏丸通に面した本社敷地内に男子寮、烏丸通を渡り、佛光寺に向かう途中に女子寮があった。東さんの住まいは事務所の二階、六～七人で一つの部屋を共用していたという。

「若かったので、よう騒いでいました。女性の寮長に『寝られへん』と言われて怒られてばかりでしたよ」

朝は早かった。当番制で、起きるとすぐ、前日の仕事終わりに商品にかけていた幕（布）をとり、風呂やトイレを掃除し、本社の玄関や庭を掃く。その後、朝食を済ませ仕事に取り掛かる。住み込みの丁稚さながらの生活であった。

当時、「出荷部」という部署があり、新入社員のほとんどがそこに配属された。東さんもその一人である。

「年配の男性社員二人を手伝って、お客さんが購入された商品を荷造りして運送会社に引き渡すという仕事です。店が狭いこともあり、荷物を烏丸通に出し、盗られないよう縄を通していました。新聞配達店がバイクの盗難防止のためにチェーンを通しているイメージです。荷物は荒縄で縛るので、冬はアカギレが辛かったですね」

どんなに寒くても、火鉢（ひばち）で暖をとるしかなかったようだ。

一年目は、「出荷部」、「売り場」と数か月単位で持ち場が変わる「見習い期間」で、翌年の一九六六（昭和四一）年、札幌店での勤務を命じられた。

札幌で経理の仕事を覚える

札幌店は、「雪まつり」でも知られる大通公園の西の端、国鉄（現・ＪＲ）の札幌駅まで自転車で一〇分ほどの距離にあった。支店は五階建てで、一階から三階までが売り場、東さんら男性社員と店長の家族は五階で暮らし、京都の本社から半年交代で派遣されてきた女性社員は三階にある小部屋を利用していた。

店長の妻や女性社員が炊事を担ってくれたが、洗濯や掃除は各自でこなす。ここでも、住み込みの「丁稚生活」が続いたことになる。

相変わらず、朝は早かった。毎朝、五時を過ぎると社長（五代目喜左衛門）から電話がかかる。社長は店長の業務報告を聞き、社員の状況を把握することを日課としていたという。

「われわれ丁稚の下っ端まで起きて、『おはようございます』と交代で挨拶していました。それが済んだら、また寝ていましたけどね」と屈託なく笑う東さん。当時のことを懐かしく思い出しているようだ。

札幌店では経理業務を任されていたが、「貸借対照表の難しいことはすべて本社に任せ、私は、支店に払い込まれた入金の確認と本社への送金を主にやっていました」と言う。

塚喜商事の取引はすべて現金、「現金買いの現金売り」である。多額の現金を取り扱うため、東さんは毎日、札幌駅近くの北海道拓殖銀行（一九九七年に経営破綻）へ出掛け、京都の本社に送金していた。

とはいえ、経理だけを受け持っていたわけではない。当時、子どもの入学式に付き添う母親の定番スタイルとして人気を集めていた色無地や黒羽織の販売にも携わった。「商品に対する知識をどこで身につけたのですか？」と尋ねると、「お客さんに教えてもらいました」とにこやかに答えてくれた。対面販売の利点がうかがえるひと言である。

本社で和装小物を極める

五年間の札幌勤務を経て、京都に戻ってきたのは一九七一年である。ちょうどそのころ、本社が八階建てのビル（現・ツカキスクエア）に建て替え中で、本社機能は、女子寮があった場所に新設されたビル（現・タカノハスクエア）に移されていた。

　東さんは呉服全般を扱う和装部門に配属され、胴裏（どうら）（着物の胴の部分に使われる裏地）や白生地、襦袢（じゅばん）などを扱った。それまで耳にしたこともない単語が飛び交うなか、商品を手に取り、先輩から一つひとつ教えてもらいながら、知識を身につけていった。

「毎日が勉強やったね。最初は何も分からへん。高級品かどうかは、商品ではなく、値札を見て知る。そんな状況でした」

　和装部門といっても、友禅や西陣織といった高額な商品を扱う課から、八王子ウールのようにリーズナブルな商品を担当する課まで細分化されていた。そして、一九七五年、東さんは和装小物課に異動となった。課長が八王子店の店長に転じ、東さんはその後任に抜擢されたわけである。当時の役職は課長代理、六人の部下がいた。

　現在は展示会での販売に力を入れているツカキだが、当時はお客さんが本店や支店で商品を選ぶという方式だった。

「遠方のお客さんは月一回、京都まで買い付けに来て、複数の仕入先を回っておられました。売り出しセールには大勢のお客さんが来られるので、その対応には本当に苦労しました。大口でも、小口でも、平等にお相手をせなあかんでしょう。怒らせてしまうと、うちに来てくれへんようになってしまうからね」

あまりの忙しさに、仕入れは「業者任せ」になりがちだった。反物（たんもの）に比べると、和装小物は売れる数が桁違いに多い。帯締めや肌着、半襟などを扱う業者が、毎日のように本店に足を運んでいたそうだ。

彼らは、納品の際に何が売れたかを控えて帰り、夕方あるいは翌朝に、売れた分を補充するためにやって来る。値段交渉の余地がない、決まりきった小物にまで手が回らなかった。

「一時間程度のサービス残業をして、ようやく一日の仕事が終わるのです。店は午後五時四五分に閉めましたが、そこから、散らかった売り場の片付けです」

和装業界の活況ぶりがうかがえるエピソードではないだろうか。

在庫数を確認し、在庫金額を確定する「棚卸」は年に四回。作業効率化のためにコンピュータが導入され、商品管理をデジタル化することになった。

「言われるがまま、一点ずつ、仕入れ日と仕入れ原価を台帳に整理することからはじまりました」

とはいえ、和装小物は在庫点数が多い。他の部署に比べてその作業量は膨大で、持ち帰り残業も多かったという。

戦前の京都が舞台の名作映画『祇園の姉妹』（監督・溝口健二、一九三六年）には、羽振りのよい呉服屋の番頭が、芸妓姉妹の妹で、現代的かつ打算的な「おもちゃ」（役名）に店の商品である高級着物を貢ぐシーンがあるが、まさしくアナログ時代ならではの挿話だろう。

しかし、その後、コンピュータによる商品管理に切り替わったことで、在庫状況が一目で把握できるようになった。コンピュータが導入されたことで、そうした不正も瞬時にあぶり出されることになる。一九七〇年代に塚喜商事はアナログによる商品管理から脱却しているが、それは文字どおり商品管理などに限定されており、販売面では、お客さまを大事にするアナログ形態が続いているように思える。

福岡店長に

二度目の支店勤務は九州の福岡だった。一九九六年に福岡店長を命じられ、八月に赴任した。「『福岡へは家族で行きなさい』と社長に言われ、子どもたちには苦労をかけました。長男は大学生でしたが、次男は大学受験、長女は高校受験を控えていましたから」

翌春、次男は福岡の大学、長女も現地の高校に無事進学し、妻子が合流した。

福岡店と社宅は徒歩で数分の距離にあり、東さんの妻もアルバイトとして雇用された。女子二人、男子四～五人という社員構成で、支店は「家族のような雰囲気」だったという。

福岡店には和装小物の担当者がいたため、東さんは前店長が受け持っていた振袖や訪問着、留袖などの「おもてもの」を引き継いだ。

「和装の小物には詳しくなっていましたが、おもてものは名前さえ知らないものが多く、業者にだまされてもおかしくないような状態でした。でも、塚喜商事という看板を背負って仕事をしているでしょ。仕入先も自分たちの信用にかかわるので、良心的に付き合ってくれたと思います」

当時は、会長（五代目喜左衛門）の意向で、商品の約半分を京都の本社から仕入れ、残りを地元の博多帯メーカーなどから調達していた。福岡店においても、顧客（小売店）が来店して商品を選ぶスタイルをとっていたが、次第に「展示会販売」が増えていった。とくに、島原や対馬、宮崎、五島列島などでの展示会は思い出深いようで、急に声のトーンが上がった。

「案内を送る際に、『一〇万円券』を同封しておくのです。からくりとなるのは、一〇万円をオンした値付けです。お客さんは『一〇万円券を持ってきたから、値引いてね』と喜んでくださって、ほんまによう売れましたわ」

一方、「休眠客掘り起し企画」といって、小売店とその顧客を結び付ける展示会も各地で催した。小売店は、ツカキから紹介されたコンサルタント業者の指導を受けながら、自社の顧客リストに

博多祇園山笠の際、六番山笠西流の前で記念撮影

ダイレクトメールを送り、スタッフ総出で全顧客に電話をかける。コンサルタントに指導料を支払う必要はあるが、数日間の展開会で、売上が数千万円に上ることも珍しくなかったようだ。

「小売店の店主が小躍りして、私もうれしかったですよ」

しかし、柳の下にいつもドジョウがいるわけではない。

「期待して二回目、三回目を企画しても、お客さんが来てくれへん。長くは続かなかったですね」

福岡店での五年を経て、本社に戻ったのは二〇〇一年である。その際、次長に昇進して再び和装小物を任されたが、以前ほどは売れなくなっていた。

「それでも、今と比べれば、まだまだまし」な時代であった。

定年後も嘱託として勤務

和装小物の現場を最後に六〇歳の定年を迎え、その後八年間、嘱託として勤務した。

「六八歳まで働くことができたのは社長のおかげ。社長に聞こえるよう大きい声で言っとかないとな……」と相好を崩す東さん。嘱託になってからは、得意先（業者）の四〇～五〇人を担当した。経営者の家族構成まで分かっているような昵懇（じっこん）な間柄である。

「大口のお客さんは、ほとんど展示会で購入され、現役の社員が担当者としてついていています。私のお客さんは小口です。たまに電話がかかってくるのです。『明日、欲しいんやけど』って。その日のうちに、仕入先、メーカーに出向いて商品を手当てし、夕方の『常便さん（常用便）』に渡してあげていました。常便さんは、決まったスケジュールに従って配送してくれる小口の運送会社さんです。朝、商品を持ってきて、空になった車に別の商品を積んで、昼から夕方にかけて戻ります。その日のうちに配達してくれる常便さんなら、お客さんが『欲しい』と言われている期日に間に合いますからね」

どんなに小さな注文でも親身になって対応し、顧客に寄り添うことを心掛けてきた。そのうえ、何事にも前向きで陽気な東さんといると心地よく、自然に笑顔になれる。そんな東さんは顧客から愛され、頼りにされ、会社からも必要とされる人材であり続けた。

和装小物が並ぶ展示会場

五代目に刷り込まれた勤勉質素

「福岡店長を命じられた際、先代（五代目）はすでに社長を退き、佛光寺近くにあるビルの五階におられましてね……。そこに、家内と一緒に呼びつけられました。店長たるものの心得を、直々に指導していただきました」

五代目は鉛筆を残り一センチになるまで使い切るという倹約家で、六代目は、そのちびた鉛筆でいっぱいになっている瓶を「親父の勲章であり、我が家の家訓」と言って誇りにしている（四〇ページの写真参照）。五代目の早起きも六代目に引き継がれている。

五代目は、社員に対しても、こうした価値観や生活習慣を厳しく刷り込んだようだ。東さんが次のように話していた。

「前の社長は、細かいというか、効率的というか、トイレから出るときに電気を消し忘れただけで、ものすごく怒られるんですわ。ご自身も、破れをかがったスーツを長い間着ておられました。早寝早起きも徹底していましたね。夜の七時か八時には寝ていたんじゃないでしょうか。『わしは三時半から起きて仕事してるんや』って言っていましたから」

当然、若手社員の夜遊びは厳禁だった。夜遅くに寮に戻ってきたところを見つかると、始末書を書かされた。

勤勉質素な生きざまを見せる五代目によって、六代目と社員はその価値観や生活習慣を刷り込まれ、堅実経営が継承されていった。一九九〇年代、バブル崩壊後の不況と着物離れで室町の呉服問屋は次々と倒産に追い込まれたが、同業者から、「室町で最後に残るのは電信柱とツカキだけ」と言われるほど、その経営は盤石であった。

別家（べっけ）の仲間入り

東さんが「別家」として承認されたのは五八歳のときで、定年退職する二年前である。最近は、「退職を機に、会社とはきっぱり縁を切りたい」として「別家」入りを辞退する人もいるようだが、東さんは、「会社からその働きを認められたわけですから名誉なこと」とありがたく頂戴した。かつてツカキでは職場結婚が多く、専務や常務が仲人を務めていた。東さんも先輩に仲人をしてもらっている。

「職場とはいえ、家族みたいなものでしたから、別家として会社にかかわり続けることに違和感はありませんね」

室町界隈の商社（問屋）で、現在もこのような別家システムが残っているところはごくわずかだという。和装卸として名を馳せた「市田」もかつては別家会が盛んなことで知られていたが、経営が傾き、リストラに踏み切ったことで経営陣と社員との信頼関係が崩れ、別家会も消滅した。そして、二〇〇八年には、ツカキと同じ近江商人系企業である「ツカモトコーポレーション」（東京都）に経営統合されている。

東さんは一〇代で和装業界に入り、その全盛期から衰退期までを目の当たりにしてきた。近年は同業者の倒産や廃業が目立つようになってきた。それだけに、ツカキが未来永劫続くことを切に願っている。

「社長にはよう言わんけど、息子さんにはね、直接、お客さんの想いや意見を伝えたりしています。どんな会社かよく分からないまま入社しましたが、リストラも倒産もなく、最後まで勤めさせていただいて、感謝の気持ちでいっぱいです」

「少しでも恩返しできれば」と別家としての務めに励む東さん。七七歳とは思えない艶やかな表情で、七代目にとって非常に頼りがいのある存在になるのではないかと思えてきた。何よりも和装業界の裏の裏まで知り尽くしている人として、今後も必要とされるはずだ。

オーナー家を支える「大番頭さん」
——専務取締役の村上博史(むらかみひろし)さん（インタビュー時・五三歳）

「別家の代表」として東さんから話を聞いたことで、実際にオーナー家と社員のパイプ役を果たしているのは誰なのだろうかと興味を覚えた。その旨を塚本社長に伝え、紹介していただいたのが村上博史専務である。「専務」というので年配の方をイメージしたが、会議室に入ってきたのは、青年のような人物。年齢は五三歳という。

ツカキグループ（以下、ツカキ）の専務で、営業部門を統括する村上さんは、大学卒業後の一九九四年、ツカキの一員となった。若くして頭角を現し、ブロック（地域）の統括責任者や子会社の役員などを歴任してきた。塚本社長の信任も厚く、二〇二二年から「大番頭」を務め、オーナーの塚本家と別家のメンバー、さらに現在のツカキを担う社員たちをつなぐという役割をこなしている。

教員への転職を視野にツカキに入社

村上さんは京都生まれの京都育ちである。桂離宮で有名な桂（西京区）にある自宅から大学に通い、教職コースを履修していたが、当時、教員は狭き門だった。ゼミの指導教員に助言されたこともあり、いったん企業に就職してから教員に転職するというキャリアプランを描き、好きなファッション関連に的を絞って企業訪問をはじめた。

これまでに紹介したように、ツカキの本社は京都のビジネス街の中心部にある。烏丸通に面した八階建ての本社ビルはなかなか壮観である。そんなビルに、界隈の企業を回っていた村上さんはふらっと立ち寄ったそうだ。

一次面接を通過し、筆記試験に臨むことになったが、試験日が教育実習の日程と重なっていた。本来なら「万事休す」だが、人事部長の計らいで、教育実習終了後に筆記試験を受けることが認められた。

「人事部長さんは、ツカキに中途入社された人で、人生の先輩として、『社会勉強してから教員になれば人としての幅が広がり、学生に教えられることも増える』と親身になってくださいました」と話す村上さん、三〇年も前の経緯がつい最近のことのように思えるほど声も若々しい。

最終面接では、塚本社長から三つの質問を受けた。

第一は、他社ではなくツカキグループに入社する意志について、第二は、教職に就くことについて、第三は、東京や福岡などにある支店への配属・転勤についてである。

第二の質問に対しては、正直に「分からない」と答え、第三の質問には、「京都勤務以外は考えられません」と返答した。「そこで一旦面接が中断され、部屋から出されました。その後、再び呼ばれて、『村上君、あなた個人としてではなく、一般論として考えてみてください。『教師になるにしても会社経験を生かせばより多くのことを実体験として学生に伝えられるのではないでしょうか』。『企業として異動や転勤があるのは理解できますか』と。質問内容が少し切り替わっていたので、『はい、分かります』と返答すると、いきなり社長から握手を求められました」

そのあと、人事部長から再度、「一度うちで働いてみたら？　社会を経験してから教員になっても遅くはないよ。むしろそのほうがいい」と説得され、入社を決めたという。

バブル経済崩壊後の就職氷河期だったこともあり、同期は、男性三人、女性四人（高卒三人、短大卒一人）のわずか七人。和歌山や岡山など遠方からの就職組は山科にある社員寮に住み、送迎バスで本社と寮の間を行き来していたが、村上さんは実家から電車で通った。

「ツカキの福利厚生のなかで、住居はとくに充実しているんです。社宅や社員寮は便利な場所にあり、わずかな費用で利用できます。すごくお値打ちなんですよ。東京にいるある社員は、入社から定年退職直前まで社員寮に住み続けたので、お金が手元に残り、自宅の購入に踏み切ったほどです」

行き届いた社宅や社員寮は、不動産経営に長けたツカキならではの従業員へのサポートなのだろう。

宝飾品販売で社会勉強をスタート

入社後の配属先は、宝飾品を扱うツカキ（株）だった。

「ダイヤモンドの『ダ』の字も分からないなか、五月には先輩に連れられての営業がはじまりました。宝石を持って展示会に行き、地方の問屋さんを回るんです。当時は、地方の問屋さんが今以上に元気でした。展示会は、小売屋さんを集めた問屋さん主催のものだけでなく、小売屋さん主催の、エンドユーザー（一般消費者）に販売するものもありました。母親のような年齢の人に高額な宝石をすすめるのは、なかなか難しかったですね」

ファッションが好きだったこともあり、喫茶店では女性誌ばかりを手に取っていたという。ティファニーやカルティエといったハイブランドの宝石を眺めては、デザインの流行を目に焼き付けた。さわやかで、物腰も柔らかい村上さん、若いころは映画俳優のような風貌だったのだろう。「お客さんからは、孫や息子のようにかわいがってもらいました」と振り返るが、営業担当者として、商品の希少性や美しさ、デザイン性などをしっかりとアピールできなければ買ってもらうことができない。

「見せ方」も大事になる。せっかくの高級品も、粗雑に並べていたら安物だと思われてしまう。当時、流行りはじめた「TPO」（Time＝時間、Place＝場所、Occasion＝場面）をわきまえた服装の大切さなども営業トークとして伝えられるように勉強を重ねたという。

エンドユーザーへの接客とは別の意味で苦労したのが、B to B（Business to Business）の仕事である。企業に向けて商品を販売するわけだが、宝石のプロが相手となるとデザインや品質について語ることできるのは当たり前、それらに加えて求められたのが相場の話であった。

「入社当初は、宝飾品を扱っている呉服屋さんが主なお客さんで、相場はあまり商いに関係なかったんです。でも、

村上さんのすぐ後ろには、別家の東さんの写真が掲げられている

半年たったころに電話帳をポンと渡されました。新規開拓です。宝飾品を扱っていそうな店を、上から順番に電話していくんですよ。時々、応対してくれるところがあったのですが、そのなかに宝石の専門店がありました」

　電話セールスで宝飾品を扱うとは「想像もしていなかった」という。

「それまでと同じセールストークをすると、ダイヤの４Ｃ[2]についてあれこれと尋ねられるんです。『このクラスのこの大きさのダイヤをこれでつくったら、いくらぐらいや？』と聞かれても、チンプンカンプン。『なんやお前、そんなことも分からんのか！』と呆れられました。その日から相場の猛勉強です」

　仕入先との会話内容も様変わりした。メーカーの経営状況やマーケットの動きなどを詳しく聞くように心掛けたという。

「電話で新規に開拓したお客さんには、『あんたなぁ』と怒られながらも、いろいろ教えていただきました。今でもうちを贔屓（ひいき）にしてくれ、『村上君』と言って来てもらってます。本当にありがたいことです」

　勉強熱心な村上さんを、客は見かぎることなく、長い目で育ててくれたのだろう。両者の絆は想像以上に固いようだ。

東京のブロック長に

取引先と良好な関係を築き、営業成績にも秀でていた村上さんは、入社五年目、東京方面担当のブロック長に昇進した。自ら宝飾品の営業を受け持ちつつ、部下を束ねる仕事である。

一方で、新天地ゆえの苦労も多かったようだ。言葉遣いがその一つだ。

「東京のお客さんに関西弁で話すと、『売り付けられる』という不安を覚えるようなんです。ですから、一生懸命標準語を話そうとしたのですが、所詮は付け焼き刃。お客さんに『関西人でしょ?』と指摘されると、『いや、違いますよ』とエセ標準語で切り返しながら営業をしていました」

お客さんとのやり取りも、関西とはかなり勝手が違った。

「関西人は、値札一〇〇万円の商品に対して『いくら?』と聞いてきます。『八〇万円でどうですか?』と答えると、『もうちょっとなんとかならんか……』と値引きを要請され、『なら、これ付けますわ』と別の商品をサービスしようとすると、『それ、いくら?』と聞かれ、『五万円』と答えようものなら、『なら、五万円引いてんか』ってことになる。『そんなあほな、勘弁してください』と、関西では駆け引きを楽しんでいるという感がありますけど、東京の人は、いるかいら

---

(2)　ダイヤモンドの品質を決定付ける基準で、Carat（カラット、重量）、Color（カラー、色）、Cut（カット、輝き）、Clarity（クラリティ、透明度）の頭文字をとってこう呼ばれている。

んかが結構はっきりしていて、本当に欲しければ正札で買っていかれます。逆に、関西流の商売ではなかなか通用しませんでした」

当初はこんなカルチャーショックが続いたが、仕事は「純粋に面白かった」と言う。マンダリンオリエンタル東京（日本橋室町）のようなラグジュアリーホテルで自社主催の展示会を開くと、数日で一億円以上の売上があったという。

「二〇代後半という若いうちから貴重な経験をさせてもらい、ありがたかった」と村上さんは感謝する。確かに、二〇代後半で経験できるような現場ではないだろう。

村上さんが勤めたツカキ（株）は、現社長の塚本喜左衛門氏が一九七五（昭和五〇）年に立ち上げた会社である。当初は毛皮をメインとしていたが、次第に宝飾品の売上が大きくなった。宝飾品と毛皮はともに高級ファッションアイテムで、お客さんが重なるケースが多い。そこで、宝飾品と毛皮に分かれていた事業部を統合し、一人の営業担当者が宝石も毛皮も扱うようになった。それに伴い、村上さんも毛皮やハンドバッグの勉強をはじめることにした。

そんなときである。二〇一一年五月、いきなり、社長に呼び出された。

「『村上君、そろそろ新しいことを覚えたらどないですか』。僕の性格をよう知ってはるなー、と思いながら聞いていると、『タムラという会社をM&Aすることになった。六月一日からそっちに行ってくれるか』と言われたんです」

六月一日着任のわずか一週間前のことだった。

M&A先の下着メーカー「株式会社タムラ」の役員に

タムラが補正下着のメーカーであることは、このときに知った。これまでの仕事とまったく関連はなかったが、「宝石も長年手掛けてきたし、やってみるか」と拝命した。

ツカキ（株）における商売の基本は卸、仕入れた商品を売るのが仕事である。他方、タムラはモノづくりの会社である。「覚えることだらけで」と、村上さんの闘志に火が付いた。

「材料、資材のメーカーや縫製工場との折衝とか、ものづくりのイロハから学びました。複数の取引先に協力してもらって商品をつくるから、一社に何かトラブルがあっただけで商品になりません。ものづくりのしんどさであり、楽しさでもありますね。タムラのスタッフはもちろん関係取引先には本当に助けていただきました」

タムラの社長はツカキ（株）の社長が兼任していたため、日々の実質的な経営は村上さんの肩にかかってきた。五年近く在籍するなかで学んだことは実に多い。ものづくりの基本は当然として、タムラにはツカキ（株）にない販売チャネルがあった。楽天サイトや自社サイトでのネット販売とテレビショッピングである。毎日が勉強という、濃密な時間であった。

ツカキ（株）の経営に携わる

ツカキ（株）に戻ったのは二〇一六年。与えられたポジションは、同社が扱う全商品の統括部長である。新入社員時代からかかわってきた宝飾品には詳しいが、毛皮やハンドバッグについては勉強途上の段階でタムラに転籍している。

「二年ほど懸命に勉強しました。香港の毛皮フェアにもよく足を運びました」

最近は、世界的なファッションブランドを中心に毛皮（リアルファー）を避けるという動きが広がりを見せている。アニマルウェルフェア（動物福祉）意識が高まっているからだ。

「サステイナブルな観点から見れば、アニマルフリーがベストというわけでもないですが、毛皮業界はシュリンクしていて、逆らえません。最近は、自動車でもレザー（本革）離れがはじまっています。うちは、ファッションとして好まれる方やサステイナビリティなどを理解していただける方に、情報の発信や商品の提案をしています」

統括部長として仕入れを担当したが、その一年後、営業推進部長を兼任することになった。

「うちの会社は兼任が多いんですよ。着物や美術館、ウエディングといった他部門とのやり取りが増え、グループ全体の業務を知ることができたので社内での人脈も広がりました。そのおかげもあって、俯瞰的に仕事を見つめるようになり、会社のさまざまな業務にも携わることができているのだと思います」

常に勤勉な村上さん、二〇二二年八月、ツカキ（株）の取締役からツカキグループ本部の専務へと昇進した。実は、東京への出張中に社長から言われたという。

「そろそろ、東京への異動かなあ」と思いをめぐらせていたが、社長が発したひと言は、「グループの専務をやってもらいます」だった。

「嬉しいというよりも、どないしたらいいか分からん、というのが正直な気持ちでしたが、社長がそう言ってくださるなら、とお受けしました」

社長、副社長に次ぐ「ナンバー３」である。社員トップの要職に就いた村上さんに対して、懇意にしている大手メーカーの幹部社員らが役員報酬となる金額を詮索してきた。

「うちは、丁稚さんの住み込みが基本だった近江商人系の企業です。同じ業界の人はそんなにもらえないことをよくご存じなので、まったく興味を示さないのですが、大企業に勤めている彼らは、自分たちの物差しで『これぐらいですか』と聞いてくるんです。その金額があまりにも高額なので私自身びっくりしました」

と笑いながら、そのときの様子を説明してくれた。

居心地がよかった学びの場

教職を目指していた村上さんは、なぜツカキで働き続けることになったのだろうか。開口一番に挙がった理由が「お客さん」であった。

「お客さん、そして社員に恵まれました」

社員をファミリーのように大切にするという企業風土も肌に合ったのだろう。

「やる気や能力のある若手をどんどん引き上げる一方で、長年勤めてきた年配者も大切にする。仕事には厳しいけれど、社員とその家族を大切にする雰囲気が根っこにあるんです」

ツカキには役員の妻が集うという会がある。村上さんがタムラで下着を扱うようになった際、妻は、二人の娘が嫌がる素振りを見せたことを社長に伝えたという。それ以来、村上さんは、社長から「大丈夫ですか？娘さんは口をきいてくれていますか？」と気にかけられるようになった。そうしたツカキの風土が伝わったのか、村上さんの仕事に対する家族の気持ちも変化したという。

「家族の理解と、それを後押ししてくれたファミリーな会社の空気に感謝したい」

若き日の村上さん（左）、中央は現社長（6代目塚本喜左衛門さん）、出張先の台湾で

勉強好きの村上さんにとって、「新しい経験を積み、知識を増やすことができる」ツカキは、学びの場として極めて魅力的な環境であったにちがいない。

「私に対して常に乗り越えるべき壁をつくると同時に、前向きな気持ちにさせる、そんな社長の術中にまんまとハマってしまった、ということなのかもしれませんね」と、村上さんは振り返る。

大番頭の役割を自問する

大番頭とは、商家の使用人が憧れる最高職位である。村上さんは、二八〇人余りが従事するツカキグループにおいて、社長とその長男である副社長を補佐する「大番頭役」を担っている。大番頭には、現経営者と後継者の、親子でありながら上司と部下でもあるという複雑なファミリービジネスの組織を規律づける役回りも期待される。

村上さんは、企業の「ナンバー2」が集まる「番頭会」に招聘されたことがある。社長同士が交流し、勉強するという会は多数あるが、番頭同士の交流はかぎられているとの趣旨から同会が誕生したそうだ。また、他社の番頭だけでなく、先輩である「別家(べっけ)さん」とのさりげない会話も大いに参考になるという。

「どうや、ちゃんとしてるか？」で会話がはじまり、すぐに「私のときはこうやった」という昔話になるようだが……。

「ちょっとした会話や冗談がヒントになることもあり、この会社はこんなふうにして成り立っているんやなーというのがよく分かります。社長もいろいろしゃべってくれますが、それはあくまでも社長としての視点から。同じ現場の目線というのがいいんです」

別家（べっけ）のメンバーは、先に述べたように、社長よりも年長者であるケースが多い。

「社長と社員の関係じゃないと思うようなやり取りが繰り広げられていて、面白いですよ。ファミリー感覚でみんな喋っています」

他社の番頭や自社の先輩との間に繰り広げられる何気ないやり取りのなかで、自らの立ち位置やありようを確認しているように思えてくる。

近江商人の教え「三方よし」

ツカキの塚本社長は、「NPO法人三方よし研究所」（彦根市）の理事長も務めており、近江商人についての講演依頼が国内外から多数舞い込んでくる。「三方よしの伝道師」ともいうべき存在であるが、近江商人の教えはどこまで自社の社員に浸透しているのだろうか。村上さんは言う。

「『三方よし』は、入社した当時から言葉として耳にしてきています。ただ、私はそれを意識して商売することはほとんどありませんでした。お客さんに喜んでもらえたら私も嬉しいですし、お客さんが困っておられたら解決のお手伝いをしたいという思いをずっともっていましたが、対象はあくまでお客さんでした。正直、世間一般に対する意識はなかったですね。自分中心の考え方だったと思います」

しかし、役員に就いてからは、マスコミ関係者や他社の「ナンバー2」といった、商売と直接関係がない相手と話す機会が増えた。視野が格段に広がったのだろう。「三方よし」の教えに対しても、以前とは違う理解ができるようになったそうだ。

「先日、久しぶりに本宅のある五個荘（ごかしょう）に行き、役員研修を受けたのですが、『三方よし』は時代が変化するなかでもぶれることがなく、経済を循環させるうまい仕組みだと改めて認識しました。その大切さを実感できるようになったのは、いろいろな経験を積み、社会の仕組みが理解できるようになってからですね」

他方、社長が常に説く先祖を大切する意識は、幼少期からごく自然に祖父母や父母から刷り込まれていたため、素直に受け入れられたという。

塚本家の「身の丈経営」にも共感を覚えると言い、「社長を見ていると、自分の目の届く範囲で責任をもって、ビジネスをするという強い意志を感じますね。人に任せば、もっと大きなビジネスができるでしょうに……」

大番頭として、ツカキという企業を、そして塚本家の将来を客観的に見つめているようだ。

若い社員への教育

　最近入社してくる一〇代、二〇代の社員に対しても、さまざまな思いが交錯している。気をつけているのは、彼らに対する自らの言動であった。

「若手社員にふらっと話しかけてしまうんですが、彼らからすると『えっ、何』となるようなんです。管理職向けの研修で、ビジネスコンサルタントから言われたんです。『村上さんは冗談のつもりで言っていますが、部下のみなさんは冗談だと捉えていませんよ』って。こちらは軽く言っているつもりでも、向こうにとっては軽くないということなんでしょう」

　SNSの普及でコミュニケーションツールも増えている。

「メールやLINEのほうが便利なときもありますからね。ただ、文字だけでは伝わりにくいこともあるので、うちのような会社では、口頭で直接、会話することが大事だと思っています」

　若手社員との距離を縮め、寄り添いたいと思う村上さんだが、最近は就職する段階で転職サイトに登録済という新入社員も増えているようだ。村上さんは、福利厚生面の整備などを急がなければと考える反面、新入社員に対して、個別に仕事への向き合い方について語りかけている。

「やりたいことがあるかもしれないけれど、まずは、与えられた目の前のことをきちっとやることが大切だと思いますよ。しっかり勉強して、違うと思うことがあれば変えていけばいいじゃないですか。何もやらずに最初から『違う』とか、『これはやりたいことじゃない』と言って挑戦しないというのはあまりにもったいない。仕事をするなかで、やりたいこと、頑張れることを見つけるのも一つです。そうやっている間に、多くの人のお世話になり、そうした人とのつながりもできて、『頑張ろう』という気になれますから」

教職を目指しながらもツカキに腰を落ち着け、「大番頭」に上り詰めた村上さんならでのアドバイスだろう。最近の新入社員が身近なロールモデルとして捉えてくれるかどうかは未知数だが、人生の先輩として、若い世代の教育に真摯に向き合っている。インタビュー後、村上さんからメールをいただいた。そこにも、やはり若い世代への思いが綴られていた。

「今から思うと、バブル崩壊後の就職難のときに、教育実習が終わるのを待って個別に試験・面接を受けさせていただいたこと、生意気な学生の私に柔軟に応対してくださったことなど、社会人としての最初の出会いに深く感謝しています。『人生、何事も勉強』と思って入社し、いろいろな経験をさせていただき、多くの方に助けられてここまできました。後輩や学生には、周りに感謝することと自分で経験し考えることの大切さを少しでも伝えられるようになりたいと思っております」

「人としての成長」には時間がかかる。

村上さんは、別家（べっけ）として承認された先輩方にも思いを馳せる。

「辛いことも多かったと思うんですよ。ただ、そのなかで彼らは楽しいと思えることを見つけたり、楽しいと思えたりした人たちなのだと思います。時代というよりも、同じ事象に対して、どのように感じ、行動できるかが大事な気がします。彼らは、しんどい壁をどうすれば乗り越えられるかと、目の前にある『壁』をプラスに捉えてきたから、今、ニコニコとしていられるんじゃないでしょうか」

社長が言う「ピンチはチャンス」を地で行くような人たちが「別家（べっけ）」だ、と言わんばかりである。

「僕自身、社長から『ピンチはチャンス』の話を聞いたとき、なるほど、と思いましたね。と同時に、社長も失敗するんや、と。社長も失敗を前向きに捉えてきたから、バブル崩壊後の大変な時期を乗り越えてこられたんでしょう」

結局、社長の経営哲学や価値観、そして行動規範などに賛同（共感）できる社員が定年までツカキの一員であり続けたのであろう。あるいは、一定数の社員に対して、ツカキは成功裏に経営哲学などを浸透させることができた、ということなのかもしれない。

「三方よし」の教えについても、当初、社員はその言葉を知っているにすぎなかったが、商売をするなかで「気付き」を得て、理解を深めていった。村上さんは言う。

「ツカキには、先輩方がきっちりと積み上げてきた資産があるので、商売がしやすいんです。どこに行っても信用してもらえます。そのありがたみを、日々の仕事のなかで徐々に感じるようになるんです。ツカキの儲けが社員の給料にならず、会社の資産になっている、と言われることも多いのですが、会社に信用力があるおかげで商売ができていますし、商売が続くことで生活できています。そういうことを考えはじめると、すべてがつながり、一貫性があるんです。とはいえ、このことを会社に入って一年目や二年目の人が理解できるかといえば、難しいでしょうね。僕も、最初の一〇年ぐらいはがむしゃらに仕事をしていたんで、こんなことは考えたこともなかったです」

「石の上にも三年」、「染め物屋と鍛冶屋を三年辛抱すれば出世する」などの故事を引用するまでもなく、仕事の面白さを実感し、「三方よし」の意味するところが理解できるまでには一定の時間と経験が必要、ということなのだろう。

だが最近は、「我慢」、「忍耐」、「辛抱」という言葉は死語になっているように思える。若手社員をいかに育てるか。ツカキの将来を見据え、村上さんは日々、自問自答している。

事業承継を控えて

ツカキには、現在、社長の三人の息子が勤めている。長男がツカキグループ本部の副社長、次男が専務、三男が取締役の立場にある。村上さんは、彼らよりも少し上の世代だ。案件に応じて社長は、息子に直接伝えたり、村上さんを介したりしている。

ツカキグループの経営陣を見ると、執行役員を含む二〇数人のうち、村上さんの同世代も多い。少しずつ経営陣の若返りも図られており、社長の息子世代にバトンを渡す時が近い将来必ずやって来る。

「この先、いろいろなことが動いていくと思われますが、ツカキには『三方よし』をはじめとするしっかりした物差しがあり、それが共有されています。何かを決断する際、ツカキが拠り所としてきた観点から判断すれば、答えは自ずと見えてくると信じています」

これからの時代をツカキはいかに生きるのか。いつ、どのような舵を切るのか。企業として、人として、何が一番大事かを何世代にもわたって突き詰め、その知見を継承してきたツカキの真骨頂が発揮されることになる。

＊＊＊＊＊＊

両氏へのインタビューを終えて感じたのは、ブレのなさである。価値観や態度には相当な違いがあると思っていたのだが、それがなかったのだ。

本書を著すことが理由で、かつて塚本社長に大学で行ってもらった講演記録を改めて読み、二〇二三年五月末には、月に一回開催されている「ファミリー勉強会」にも参加させてもらった。その記憶のままお二人から話をうかがったわけだが、どのテーマを題材にしても首尾一貫していた。

それでは次に、日時は前後するが、「ファミリー勉強会」の様子を紹介しよう。確かに「ファミリー」なのだが、その内容はというと……。

早朝のファミリー勉強会

ツカキグループのオーナーである塚本家は、毎月一回、ファミリー勉強会を開催している。その場所は、京都・四条烏丸にある本社の役員室で、毎回、午前七時にスタートする。

参加者は、現社長の塚本喜左衛門氏（六代目）と三人の息子、そして長男の妻という五人である。社長が「塾長」で、次世代を担う四人は「塾生」といったところだろうか。毎回、与えられたテーマについて、始業となる八時四五分まで約二時間にわたって議論が展開されている。

塾生の四人は、テーマに関連した資料を準備して、当日の朝を迎える。「緩いプレゼン」をすれば、社長やほかの塾生から手厳しい質問やコメントが飛んでくるという。まるで大学のゼミのようだと聞いて、二〇二三年五月二二日、オブザーバーとして参加させてもらった。「真剣勝負の場に遅刻するわけにはいかない」と思い、私たち（辻田、増田）は本社から徒歩数分のホテルに前泊し、万全を期すことにした。

ファミリー勉強会のテーマは実に幅広い。毎回、社長が設定しているという。近江商人やその教え、経営者たるものについて議論することもあれば、ゼロカーボンやロシアのウクライナ侵攻といった時勢が取り上げられることもある。

これまでのテーマを挙げると、「五年後の未来――コロナ前と今、そして今後」（二〇二一年一月）、「これからの有望なセクター――国と業種」（同六月）、「ＣＥＯの果たすべき役割――世界と日本のＣＥＯ」（二〇二二年一二月）、「今、興味のあること――人生の資産を考える」（二〇二三年四月）などである。

この日のテーマは、近江商人系企業にとっては避けて通れないもの、「私にとっての三方よし――ビジネスと私生活」であった。会場は、私たちが参加することもあって、普段とは違う部屋（八階）に設けられた。

早朝のファミリー勉強会、右から、社長、長男、次男、三男、長男の妻

ビジネスを通じて社会問題を解決する

トップバッターは、次男の塚本大二郎氏（四五歳）、一卵性双生児の兄である。大二郎氏はツカキグループ本部の専務取締役で、毛皮や宝飾品を扱うツカキ（株）のビジネスを取り上げ、「三方よし」の実践例として紹介した。その一つは、アフリカ大陸の東南に浮かぶ島、マダガスカル共和国とのビジネスである。

ツカキ（株）の社員は、同国が有する鉱山の採掘現場まで出掛け、グリーンの輝きが美しい「デマントイドガーネット」などの希少な宝石を直接買い付けている。複雑な流通経路を介さないため中間マージン（手数料）が商品価格に上乗せされることがない。よって、マダガスカルの現地は潤い、日本の顧客も適正価格で希少な宝石を購入できるという（第1章参照）。

現地で技術指導も行っているツカキ（株）は、マダガスカル政府からの信頼も得ており、現在では同国政府が主催するイベントなどにも参加し、マダガスカル人に日本文化を、日本人にマダガスカル文化を紹介するといった「民間

マダガスカルとの宝石ビジネスについて語る塚本大二郎氏（次男）

外交」の一翼を担っている。

大二郎氏が発表したもう一つは、「伝統文化の継承」と「里山保護」を目的とするプロジェクトである。

全国各地の農山村でシカやイノシシなどによる獣害が深刻化しているため、ツカキ（株）は長野県小諸市に協力し、駆除されたシカの革を買い取ってハンドバッグや財布などに加工して販売している。しかも、それらの商品に施されるのが、平安時代から続く「墨流し染め」である。水面に染料を流して、偶然できた模様を布や革などに写し取るという技法で、同じものを二つとつくることができない。

販売を担うツカキ（株）は、付加価値の高い革製品を提供して収益を上げ、消費者は高級感にあふれ個性も打ち出せる逸品に満足し、社会にも貢献しているというプライドがくすぐられる。大二郎氏が説明した構図は以下のようなものであった。

「鹿革と墨染めに対する需要が拡大すれば、そのお金が里山保全や伝統的な染め技術の伝承に回り、『世間よし』につながる」

ほかの塾生からは、テーマにある私生活との関係についての質問が相次いだほか、塾長からは、「プライベートな時間まで費やすほどこちらが熱意を注げば仲間が増え、本当の意味での『世間よし』になる。利を超えて踏み込まんとな」といった、ありがたい助言を受けていた。

財務経理の観点から見る三方よし

続いて三男、一卵性双生児の弟である大嶋喜三郎氏（四五歳）。苗字が「塚本」でないのは、社長の姉の養子になっているからである。塚本家は、社長の曽祖父（三代目喜左衛門）、祖父（四代目喜左衛門）、父（五代目喜左衛門）と三代続いて養子を迎えている。「お家存続」を大事にしているファミリーであることが改めて認識される。

喜三郎氏は塚喜商事の執行役員であり、財務経理を担当している（二〇二三年八月八日、ツカキグループの取締役に昇格）。まず喜三郎氏は、近江商人を「世界三大商人」とされるユダヤ人、インド人、中国人（華僑）と比較しながら、「どの商人も国を離れ、よそで商いをしている」と指摘し、「三方よしには、経営者の責任とアウェーでの緊張感、そして感謝があり、よそで家を背負って商売をしたことで、こうした近江商人の気質ができ上がった」と分析した。

そのうえで、財務経理の視点から議論が展開された。「売り手よし」を実践するために何をしなければならないか。

財務経理の視点から「三方よし」を取り上げる大嶋喜三郎氏（三男）

喜三郎氏が提示した具体例は以下のようなものである。

「法律を熟知し、正確な会計処理をしてその情報をタイムリーに発信することで、何で儲け、何で損しているかが把握できます」

「将来にわたっての繁栄を考えれば、経費の削減と業務の改善は不可欠です。贅肉(ぜいにく)を減らし、今後使う筋肉を鍛えるのです」

ツカキグループが基本としてきた「経営の三分法」にも言及し、「三つの事業柱といっても、共倒れになっては意味がありません。相関性があまりないものを手掛けることが大事だと思います」と鋭く切り込んでいた。

最後は自身のキャラクターを掘り下げ、「私は基本的にアクセルを踏むのが好きな人間です。ポジティブな役員が多いツカキで私までもがアクセルを踏むと、会社がメチャクチャになります。だから、財務経理のスタッフは堅実な人で固めています」と、チームで仕事をする重要性を訴えた。

塾長や他の塾生からは、「財務経理目線からのユニークな発表、新鮮だった」と総じて好評だったが、塾長からは、「コンテンツだけでなく伝え方も考えなさい。ミュージカルでも歌と踊りのキレがいいほど感動する」とさらなる高みを求められていた。

このような様子を見学している私たちなのだが、なんだか自分に言われているような気がしてくる。それほど、塾長の言葉は素直に耳に入ってくる。

嫁として考える「にわか三方よし」

ツカキグループの監査室長である塚本由貴氏は、ファミリー勉強会に参加するメンバーのうち、唯一、塚本家の生まれではない。また、商家で生まれ育ったわけでもない。「家族や親族の多くは教師などの公務員です」。三方よしを意識するようになったのはツカキに入社してからで、本格的に勉強をはじめたのは長男の喜世志氏と結婚してからである。

由貴氏は、三方よしを「永続的に経済活動を続けるための経営哲学」と定義し、商人が生きるための指針・基軸であると言う。とにかく儲けたいと考える商人に対して、「短期的、投機的な極論を制御するために三方よしが重視されてきたのではないか」という見解を示した。

由貴氏は、二児の母親でもある。三歳の女の子が一歳の男の子を押しのけたという日常生活の一場面を取り上げて、躾の大切さを強調していた。

「司馬遼太郎さんは、『いたわり』、『他人の痛みを感じること』、『やさしさ』という三つの言葉を引き合いに出し、これらはもともと一つの根から出ているが、その根は本能ではない。だから、私たちは訓練をして、それを身につけなければならないとおっしゃっている。三方よしも、教えなければ身につきません」

由貴氏はツカキグループの幹部社員であるだけでなく、塚本家、ひいてはツカキグループの後継者を育てるという重責も担っている。

「三方よしは今だけでなく、未来にも活かせる生活規範だと思っています。そういうエッセンスを、しっかりと子どもたちに伝えていきたい」と、商家を支える女性ならではの発表となった。

躾に関しては、社長の息子三人にまで話が広がり、「お客さまに高額な商品を買っていただいたときや、上等な牛肉を食べるときのテンションがびっくりするほど高い」と、儲けることをよしとする商売人の基本や質素倹約の生活習慣がしっかり身についていることを由貴氏は称賛する。

思いがけない指摘に三人が取り乱すなか、塾長が、「近江商人にとって大事なことは家訓や生活習慣の継承です。養子や嫁は『にわか商人』かもしれませんが、大事な役割を果たします。『塚本家の常識』が『世間の非常識』では困ります。外部の養子や嫁の良識が大切です」と、外部の血を取り込むことの重要性を説いた。

また、近江商人が大切にしている「互譲と融和」にも触れ、「わしがわしがと負けじ魂を前面

子育てから「三方よし」を考える塚本由貴氏（長男の妻）

に出すと、『なんやその負けん気、そんなことでは嫌われ、商売も長くは続かん』ときつく叱られたもんです。三方よしを心得ることで、あるべき姿が具現化できます」と、幼少期に厳しく躾けられたことを吐露していた。

近江商人にとって幼少期からの躾がいかに大切であるか、またその心得がいかに継承されているかをうかがい知る、貴重なやり取りであった。

心に残った一〇〇の言葉

最後は長男の塚本喜世志氏（四七歳）である。ツカキグループでは副社長の地位にある。両親のすすめもあり、小学校を卒業後、大阪の中高一貫校で寮生活を送り、大学卒業後に小売業界で二年半勤め、ツカキに入社した。

現在に続くファミリー勉強会は、小学生のころにはじまったという。喜世志氏は、これまでに学んだことや受け継いだことを「心に残った一〇〇の言葉」としてまとめた。そこには、「人生を豊かにするための教え」、「正しい生活習慣」、「家の繁栄と家庭円満」などに分類され

「心に残った100の言葉」を披露する塚本喜世志氏（長男）

た言葉がＡ４判の用紙四枚にびっしりと書かれていた。

「恭倹己を持す、慎み深く、倹約に努め、自分自身を引きしめて、崩れないようにする」は、祖父（五代目喜左衛門）から伝えられた「人生を豊かにするため」の教えである。

「父はあまり細かいことを言いませんでしたが、おじいさんには挨拶や服装から厳しく躾けられました」

母親から何度も聞かされた言葉もある。

「子どもたちには、きちんとした教育をすること。ご馳走とお金を与えすぎては馬鹿になる」

書かれている言葉でやはり多いのは「商売の原理原則」に関連するもので、一〇〇のうち四一を数える。その一例を挙げると以下のようになる。

「今、通用していることはいずれ消えるか、成り立たなくなる」

「ピンチはチャンス。倒産、債務不履行、不景気、暴落、今まで気付かなかった新しい展開につなげよ」

「常に儲けよ、不況でも儲けよ」

「従業員に対して横柄な態度はいけない。お客さんと思うような気配りが大切だ」

最後に喜世志氏は、近江商人の教えや家訓を主題とする長年の勉強会を通じて、「人の話を聞く姿勢に変化があった」と自らを評していた。「事前にしっかり調べたうえで話を聞くようになり、本質を押さえるようとする姿勢が習慣化した」と言う。

塾長からは、「聞き流さずにしっかり受け止めていたんや」と、驚嘆しつつ安堵する声が上がった。ほかの塾生からは、「同じ教えや助言も、両親よりも祖父母からのほうがすうっと入った」とか「長男だけが祖父からマンツーマンで指導されているので、子どもながらに嫉妬を感じた」など幼少期の本音が飛び出してくる。

塾長は、「才能よりも努力、努力よりも習慣」というフレーズを好む。人生を豊かにするものは、才能ではなく努力であり、次の代まで栄える（長期繁栄）ためには、家族に根付いた習慣が重要な要素になるという。三人の息子は京都で育ったが、休みなどを利用して五個荘（ごかしょう）の本宅に戻り、先祖の苦労話を何度も繰り返し言い聞かせた。

早寝早起きや節約、勉強などは習慣化してしまえば苦にはならない。塚本家にとって、厳しく躾けて習慣化するというのが後継者教育の基本であり、ファミリー勉強会は、そのために欠かせない場となっている。

本書を著すということで、本来なら部外者は同席しないファミリー勉強会に参加させていただき、現在進行形で行われている後継者教育の一端を垣間見せていただいた。そもそも近江商人の原理原則はどのようにして生まれ、後世につないできたのだろうか。それを少しでも知るために、「近江商人の里」として知られ、塚本家の本宅がある五個荘（ごかしょう）を再び訪ねてみることにした。「再び」と記したのは、本書の冒頭で紹介した塚本社長講演の際に、受講生が一度訪ねているからだが、今回は少し踏み込んで見学をした。

次章では、五個荘をはじめとして、ツカキに関係するエリアを紹介していきたい。踏まえていただきたいのは、長きにわたって企業が継続している背景には、必ず地理的な環境があるということである。ちょっとした「歴史散歩」になる次章、読まれて興味をもたれ、「ぜひ、行ってみたい」と思っていただけるとありがたい。

第6章

人・まち・縁

ツカキグループを育んだ「三宝よし」

五個荘の本宅で高木を見上げる塚本社長

近江商人発祥の地「五個荘(ごかしょう)」

中世から近代にかけて、近江（滋賀県）を本拠地とする商人たちは全国各地を行商して歩いた。天秤棒を担いだ姿を思い浮かべる人も多いだろう。「近江商人」とは、他国の人々が近江から来た商人を呼んだ言葉で、彼らは日本各地で調達した物資を、必要とされる市場にタイミングよく供給するという「広域型商い」を得意とした。そして、時間とお金を惜しみながら仕事に邁進することで資本を蓄え、商圏を固めつつ各地で店を構えた。

そうしたなかから、江戸の日本橋、大坂の船場、京都の室町といった一等地において手広く商売する「豪商」が誕生している。成功者の多い近江商人は、伊勢商人とともにやっかみの対象となり、「近江泥棒・伊勢乞食」と揶揄されたほどである。

全国各地を股にかけて商いをしていた近江商人だが、本宅は近江に構え、妻子はそこで生活を続けていた。そんな近江商人の故郷の一つが、滋賀県東近江市の五個荘である。近江商人の屋敷

東近江市の国道8号線沿いに立つ、天秤棒を担ぐ近江商人の像

が今も残り、白壁、船板塀の町並みが美しい。縦横に張り巡らされた堀割の水は澄み、錦鯉が泳いでいる。一九九八（平成一〇）年には、「重要伝統的建造物群保存地区（町並み保存地区）」に選定されている。

同地を訪れた司馬遼太郎（一九二三～一九九六）は、『街道をゆく』（朝日新聞社、一九七一年～一九九六年）のなかで、商人屋敷のたたずまいについて次のように高く評している。

建て方からみて、明治期の屋敷が多いかと見られたが、どの家のつくりも成金趣味がかけらもなく、どれもが数奇屋普請の正統をいちぶもはずさず、しかもそれぞれ好もしい個性があった。いうまでもないことだが、金のかけ方に感心したのではない。たがいに他に対してひかえ目で、しかも微妙に瀟洒な建物をたてるというあたり、施主・大工をふくめた近江という地の文化の土壌のふかさに感じ入ったのである。

『街道をゆく』は、雑誌「週刊朝日」で連載

白壁と堀割が美しい五個荘の町並み

され、単行本やテレビ番組として紹介されているので、ご存じの方も多いだろう。現在でも、週末ともなれば、取り上げられた各地をめぐっている人が多いと聞く。ここ五個荘(ごかしょう)も、近江八幡とセットにして、散策に訪れる人が少なくない。

さて、ツカキグループのオーナーである塚本家の本宅も、この「重要伝統的建造物群保存地区」にある。その内部を紹介する前に、近江商人についてもう少し詳しく述べていきたい。

幼少期から近江商人の心得を学ぶ

近江商人は、商売のために必要な学問を身につけ、苦労して体得した処世術を子孫へと伝え残してきた。その中心にいるのは、言うまでもなく近江商人であるが、近江という地もそれを後押ししてきた。東近江市にある「近江商人博物館」に入ると、五個荘の人々が質の高い教育を早くから受けていたことを示す資料が展示されている。

塚本喜左衛門宅の玄関

その一つが、寺子屋による教育である。最盛期、五個荘には一〇を数える寺子屋があり、一校当たりの生徒数も、全国平均の六〇人に対して一一〇人と格段に多かった。また、寺子屋が全国的に普及するのは一八三〇年以降とされているが、五個荘のもっとも古い寺子屋は一六四〇年の開校であった。ここで、生徒らは読み（読書）、書き（習字）にとどまらず、そろばん（算術）までを当然の教養として学んでいた。

商家の娘を中心に女子教育も普及していたようで、五個荘に住む人々の学習意欲の高さがうかがえる。商家の子息はもちろんのこと、商家に奉公に出る者も多かったためと推察できる。

地域による子育ては現在も続いている。「近江商人博物館」の道路を挟んだ向かいには五個荘小学校があり、校舎は二〇〇五年に建て替えられたが、旧校舎の前庭にあった石碑が今も残る。塚本社長の講演（第1章参照）で紹介されていた「六心の訓（おしえ）」、つまり「はい（素直な心）、すみません（反省の心）、ありがとう（感謝の心）、私がします（奉仕の心）、どうぞ（互譲の心）、おかげさまで（謙虚な心）」が刻まれている（三七

近江商人博物館

ページの写真参照）。

また同校では、近江商人の理念である「三方よし」が実行できる子どもを教育目標として掲げ、小学生の立場に置き換えた「自分よし（自己実現）、相手よし（思いやり）、社会よし（社会貢献）」が唱えられている。要するに、この地では現在もなお、小学生のころから近江商人の心得が徹底されているということである。

五個荘（ごかしょう）に残る近江商人の屋敷

五個荘にある近江商人の本宅のうち、一般に公開されているのは「外村（とのむら）繁邸」、「中江準五郎邸」、「藤井彦四郎邸」の三館である。そのほか、外村繁邸の本家で、明治期に全国の長者番付に名を連ねた「外村宇兵衛邸」が一棟貸しの施設として、中江準五郎の兄、富十郎の邸宅が「金堂まちなみ保存交流館」として活用されている。

五個荘には「外村姓」の屋敷が複数あるが、宗家は外村与左衛門家である。近江商人の嚆矢（こうし）となったのは五代目与左衛門（一六八二～一七六五）で、一七〇〇年に麻の行商をはじめた。繊維卸の外与（とのよ）

五個荘小学校

小学生向けにアレンジされた「三方よし」の標語

株式会社（京都市中京区）がその流れを汲んでいる。外村与左衛門家の分家が外村宇兵衛家で、そこからさらに分家したのが外村吉太郎家（外村繁邸）となる。

さて、外村吉太郎の三男、外村繁（一九〇二〜一九六一・本名は茂）をご存じだろうか。実は、小説家である。生家は、東京の日本橋と高田馬場で呉服木綿問屋を営んでいた。繁は滋賀県の名門、膳所中学校（現・膳所高校）、京都第三高等学校（現・京都大学）を経て、東京帝国大学（現・東京大学）経済学部を卒業したという秀才である。亡き父の後を継ぐが、三〇歳で家業を弟に譲って作家活動に専念することになった。

大学に在学中の一九二五（大正一四）年一月、第三高等学校時代から親交のあった梶井基次郎や中谷孝雄らと同人誌『青空』を創刊したあと、一一月に川端康成の同人誌『文藝時代』から文芸時評を依頼されて寄稿したところ、本名の「茂」が「繁」に誤植され、それ以後、「外村繁」を筆名としたというエピソードが残っている。

自らの出自である近江商人の世界を客観的に描いた『草筏』（砂小屋書房、一九三八年）で注目され、『筏』（三笠書房、

外村宇兵衛邸はリノベーションされ、宿泊できる

一九五六年）、『花筏』（三笠書房、一九五八年）とともに長編三部作を成して高く評価されている。「外村繁文学館」には、繁の業績にまつわる資料が展示されている。

近江商人の屋敷は、司馬遼太郎の記述どおり、見た目は控えめな造りで、質素倹約というイメージが強い。屋敷を取り囲む塀は船板の古材で造られているが、足を一歩踏み入れると、広大な庭と立派な家屋に圧倒される。外村繁邸は、敷地面積二三九五平方メートルのうち、約八割が庭園となっている。邸宅の大黒柱や梁には欅（けやき）の一本柱が使われていた。

一方、近江商人らしい合理的な一面も見える。門を入ったすぐそばには、水路を引き込んで屋根をかけた「川戸（かわと）」がある。つまり、野菜や鍋・釜などの洗い場である。そして、土間の奥には「自家水道」が備え付けられていた。井戸からくみ上げた水を水槽に入れると、地下の配管を通って五右衛門風呂に水が入るという仕組みである。

土間には、五個荘（ごかしょう）の商人像を伝えるものが多数飾られている。同地は、かって「天下の黄金村」

外村繁邸。蔵を「外村繁文学館」として利用

と呼ばれていた。一九一六（大正五）年当時、「全国五十万円以上資産家」が滋賀県内に四一人いて、うち五個荘は、人数で三四パーセント（一四名）、資産総額で四二パーセント（二七〇〇万円）を占めたという。

展示されている「商売十訓」には、「商売は、世の為、人の為の奉仕にして、利益はその当然の報酬なり」が最初に記されていた。「商は詐なり」として商人や商売を蔑視する風潮があった日本で、商売や金儲けを「是」と言い切っている。ただし、そこには、「世の為」、「人の為」という条件が付されており、「三方よし」に通じるものがうかがえる。

「商売十訓」のすべてを紹介しておこう。

商売十訓

1　商売は、世の為、人の為の奉仕にして、利益はその当然の報酬なり

2　店の大小よりも場所の良否、場所の良否よりも品の如何

土間（外村繁邸）

川戸（外村繁邸）

3　売る前のお世辞より売った後の奉仕、これこそ永遠の客をつくる
4　資金の少なきを憂うなかれ、信用の足らざるを憂うべし
5　無理に売るな、客の好むものも売るな、客の為になるものを売れ
6　良きものを売るは善なり、良き品を広告して多く売ることはさらに善なり
7　紙一枚でも景品はお客を喜ばせる、つけてあげるもののないとき笑顔を景品にせよ
8　正札を守れ、値引きは却って気持ちを悪くするくらいが落ちだ
9　今日の損益を常に考えよ、今日の損益を明らかにしないでは、寝につかぬ習慣にせよ
10　商売には好況、不況はない、いずれにしても儲けねばならぬ

読み進むうちに、近江商人を描いた映画『てんびんの詩』（監督・梅津明治郎、一九八八年）の主人公、大作少年の姿が浮かんできた。近江商人の家に生まれた彼は、小学校を卒業した日に父から鍋蓋を渡され、行商に出される。「売ってこなければ、跡継ぎにはできない」とまで言われた大作少年は、押し売りをしようとしたり、お世辞を並べたてたり、泣き落とそうとしたりするが、誰も相手にしてくれない。

大作少年は苦労を重ね、最終的に「売る者と買う者の心が通わなければ物は売れない」という商いの神髄に触れることになるわけだが、ここに書かれている「商売十訓」を真に理解するには

相当な気付きや学びが必要になってくるに違いない。塚本家がファミリー勉強会を何十年も続けている理由が少し理解できたような気がした。

一方、先人が人生の戒めとしてまとめた箴言（しんげん）では、互譲の大切さが説かれている。いずれも、ツカキの社長や副社長、大番頭、別家らの発言と極めて似通っていることに気づく。ツカキが時代を超えて大切にしているのは、近江商人が教訓として語り継いできた商売の基本であり、人としての生きざまなのである。

さらに、近江の本宅は、大阪や京都の店にあがる丁稚を躾ける大事な場所でもあった。本宅を切り盛りする妻が果たすべき役割は大きい。そのため、商家の妻に向けた心得もまとめられている。

現代を生きる私たちからすれば、やや時代錯誤と思える文言もあるが、朝と夕方、仏壇に欠かさずご飯を供えること、一粒の米も粗末にしないことなどには共感する人が少なくないだろう。実際、本宅での生活は質素なものだった。外村繁邸には、継ぎ当てをしたうえで糊付けをした布や、糸の切れ端をつないだ端糸が残されている。

外村繁邸に伝わる箴言

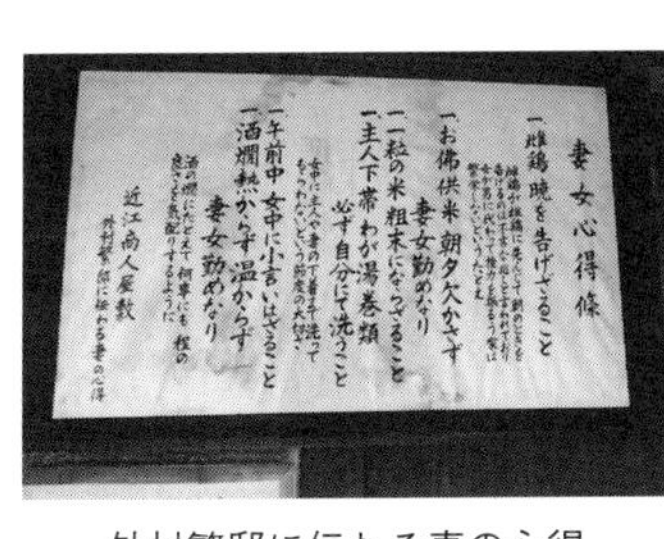

外村繁邸に伝わる妻の心得

明治時代に新たなビジネスチャンスを求めて朝鮮半島に渡り、二〇世紀初頭には朝鮮と中国に一八店舗を展開した三中井百貨店（みなかいひゃっかてん）の創業者も五個荘（ごかしょう）の出身者である。当時、三中井は三越百貨店をしのぎ、従業員四〇〇〇人、年商売上高一億円の規模を誇った。この一大百貨店チェーンを構築したのが、二代目中江勝治郎の長男である善蔵（のちの三代目勝治郎）、次男の久次郎、三男の富十郎、五男の準五郎という四兄弟であり（四男は夭逝）、彼らは「朝鮮・大陸の百貨店王」として名を馳せた。一般公開されている「中江準五郎邸」は、この四兄弟の末弟宅である。

隆盛を極めた中江家であるが、一九三七（昭和一二）年から一九四五年にかけて四兄弟が相次いで世を去った。さらに追い打ちをかけたのが、太平洋戦争における日本の敗戦である。大陸での営業基盤を失った三中井百貨店はあっけなく崩壊した。「商売がうまい」とされる近江商人といえども、長期にわたる繁栄は至難の業なのである。

中江準五郎邸にある掛け軸

江戸から明治、大正、昭和と激動の時代を駆け抜けた五個荘の近江商人たち。幾多の成功と失敗を重ねながら、彼らが培ったさまざまな知見や教訓が同地に蓄積され、共有されてきた。敗戦を乗り越えられなかった中江家ではあるが、中江準五郎邸には「奢者必不久」と書かれた掛け軸がある（写真）。「奢れる者必ず久しからず」は、この地の豪商である松居遊見（一七七〇～一八五五）が座右の銘としたもので、自らの肖像画に大書して遺訓としたという。

塚本家に代々伝わる家訓の掛け軸「長者三大鑑」（三代の図）も、身近な例を引きながら繰り返し言い聞かされれば、その怖さや恐ろしさは相当なものとなろう。「乞食になり、赤犬にまでほえたてられている三代目」がにわかに現実味を帯び、遊びに興じたい子どもでもいそいそと勉強に励み、お茶屋遊びに心惹かれる若旦那は本業である商売に精進することになる。

ツカキのオーナー、塚本家の本宅

さて、そろそろ、ツカキグループの社長、六代目塚本喜左衛門氏の本宅を訪ねることにしよう。本宅は、明治初年ごろに建てられたもので、母屋、離れ、庭、そして三つの蔵で構成されている。半農半商時代に使っていた農工具や火消し壺、臼、漬物石などが納屋に残っている。

「塚本家はもともと農民で、農業をしながら麻織物の行商をしていました。ですから、自給自足が基本です。本宅でつくった米や漬物を大阪や京都の店に送っていました」

そう話す社長は、文庫蔵の前にある「蔵前部屋」で、両親とともに重要な文書や金品などの番をしながら「川の字」になって寝ていたという。

本宅に入ると客間（店の間）があり、その奥に仏間がある。多くの近江商人と同様、塚本家も神仏への信仰が篤い。

「母屋は、仏間を中心に成り立っています。仏間は別棟になっていて、二階がありません。仏壇を踏みつけてはあかんからです」

現在、客間には応接セットが置かれているが、店の間として使われていたころは、帳場を囲う格子の衝立（ついたて）、いわゆる結界が置かれ、実印を持つ主人、今でいうところの代表取締役会長が座っていた。若主人、いわゆる社長は京都や大阪の店で働いており、その妻が本宅を守り、店に送り込む丁稚さんを育てていたと、ここでも耳にすることになった。要するに本宅は、教育の場、躾の場でもあったのだ。外村家と同じ光景が塚本家でも繰り広げられていたというわけだ。

本宅の仏間にかかる「積善之家必有餘慶」の額装

母屋には、客間、仏間以外に年季奉公をする「男衆部屋」があり、各部屋を仕切る板戸を外すと大広間となる。そこで、結婚式、仏事などの冠婚葬祭が執り行われていた。

一九四八（昭和二三）年生まれの塚本社長は、幼少期をこの本宅で過ごしている。「近江商人博物館で紹介されている近江商人の生活は、私が小さいころまで続いておりました。江戸時代の話ではありません」

思わず笑みがこぼれる話だ。仏間には、塚本家で代々継承されてきた教え、「積善の家に必ず余慶あり」（善行を積み重ねれば、必ず子孫に幸福が訪れるという意味）の額装が掲げられている。社長が講演（第1章）で取り上げ、本社の役員室でも目にした、あの額装である。

歴代当主の肖像画と後継者教育

その隣の座敷には、塚本家の当主夫妻の肖像画と写真が掛けられている。染め呉服問屋「塚本喜左衛門商店」を京都に開いた三代目（社長の曽祖父）、関東大震災（一九二三年）、金融恐慌（一九二七年）、世界恐慌（一九二九年）、そして第二次世界大戦という一九二〇年代から一九四〇年代初めにかけての困難な時代をもちこたえた四代目（祖父）、戦後の高度経済成長期に事業を拡大した五代目（父）、この三世代の夫婦が部屋に入ってきた者をじっと見つめている。「しっかりやってまっか、始末して気張らなあきまへんで」という声が聞こえてきそうだ。

塚本社長が幼少期を述懐する。

「大人たちは、この額を指し示しながら、先祖様の成功の秘訣や苦労話を繰り返し言って聞かせます。だから、塚本家の歴史が生々しく、まるで自らの体験のように記憶されていくんです。創業者である三代目には時代を見る目があり、江戸末期から明治初頭に至る混乱期とその後の経済成長期に事業の基盤をつくりました。天秤棒を担いで全国を歩き、やがてそれが大八車になって……。最後は、南五個荘村（当時）の村長を務めていました」

何度も聞かされ、体化された塚本家の歴史が次々と、そしてにこやかに紹介されていく。まるで語り部のごとくである。聞いている私たちにも心地よい。

「髭のおじいさんは、時代にも恵まれず、商売にもあまり向いていなかったようですが、この眼鏡をかけているおばあさんのおかげで乗り切ることができました」

しっかり者の祖母は、近江八幡の商家の出である。子どもがなかったことから甥を養子に迎えたという。この甥が五代目喜左衛門で、塚本社長の父である。社長は、一九五〇年代から一九六〇年代にかけて事業を拡大する父を、祖母が厳しく戒めた光景を鮮明に記憶し

右から４代目喜左衛門とその妻、５代目喜左衛門とその妻

３代目喜左衛門とその妻

ているという。

「『喜一郎（六代目喜左衛門）に甲斐性がなかったらどうするんや。そんなに店を増やすもん違うやろ』って言うてました。気張って拡張する企業さんもあるなかで、うちは中身の充実に力を入れることになりました。その結果、自己資本比率が高い会社になったんだと思います。おかげで、景気が悪いときも持ちこたえることができました」

商売の存続に心を砕く祖母は、孫の出来不出来だけでなく、環境の激変も織り込んだ経営戦略の必要性を指摘していたのだろう。

商売の長期繁栄を願う祖母による社長への躾、いわゆる後継者教育は徹底していた。

「毎日、おばあさんには『はよ起きなさい、早起きせんでどうする』って言われてました。また、自分が仏さんにお経をあげる際、子どもらにも正座をさせて、お経を練習させるんです。ほんまに厳しかったです」

塚本社長は、毎日、午前三時半に起き、六時半には出社しているという。早起きが苦にならないのは、幼少期に習慣化されたゆえであろう。また、本社にある仏壇の前で別家とともに読経する際には社長が導師を務める。「祖母さまさま」である。

幼かった塚本社長は、厳しい祖母から実にさまざまなことを学んでいる。

「祖母の命令で、丁稚さんが進物と手紙を持たされて出掛けていくんです。『しっかり返事聞いてくんやで』と言われて。相手の返事をいかに賢く報告するかが問われているんです。『なんかよろしゅうに、と言うてはりました』では全然あかんわけで、向こうが言われた気遣いの言葉を述べ、『おばあさんにはくれぐれも、くれぐれもよろしゅうにとおっしゃっていました』ときちっと伝えられないと、商人になれへんちゅうわけです」

子どもながらに商売人にとって何が大事かを知るようになった塚本社長、日々の生活のなかで自らの立ち振る舞いを習得していった。

社長によると、長男（喜世志）に対しては、祖父（五代目喜左衛門）の躾が厳しかったという。そのため、「小学生の長男は、おじいちゃんとこに行くのをものすごく嫌がってましたね」と、つい最近のことのように話してくれた。どうやら、訪問時の挨拶から指導の対象になっていたようだ。

「挨拶がないやないか」

「いや、しましたけど」

「聞こえへん。もっと大きな声で」

「こんにちは」

「『こんにちは』と違うやろ、『お日柄がよろしゅうございます。おじいさんご機嫌いかがですか』と、相手の顔を見て気遣う、それが挨拶というもんやないか。もういっぺん、言うてみい」

「お日柄がよろしゅう……」

祖父と孫の間で、こんな会話が繰り返されたようだ。

それにしても、社長とその息子の幼少期、まるで同じような光景が繰り広げられていることになる。どちらも、祖父母が後継者（孫）教育において極めて重要な役割を果たしている。

「親は商売で忙しいので、誰かが目を光らせんならんし、面倒を見ないといかん。それで、年寄りが口うるさく言うたんでしょうね。まあ、受け取るほうも、親に言われたら『何くそ、こん畜生』になりますが、じいさんやばあさんが言うとそうはならないんですね」

本宅に戻ると幼少期の記憶が鮮やかによみがえってくるのであろう。塚本社長の思い出話は尽きることがない。

主従の分別と対等意識の併存

先に取り上げた別家会（第5章参照）は、オーナー社長と社員、ひと昔前までは「主人と奉公人」という関係でありながら、社員がオーナー社長に、奉公人が主人にものを申すことができるという対等な関係でもある。両者には、立場を超えて、会社や店の存続を願う運命共同体のような空気が感じられる。不思議な感覚をおぼえる人がいるかもしれないが、塚本家の人々にとっては、幼少期から慣れ親しんだごく当たり前の関係である。

「うちでは、主人も隠居も女中さんも、その立場にかかわらず、みんなが一緒に一つの台を囲んでご飯を食べていました。うちの女中さんが、芦屋（兵庫県）に嫁いだ娘のお産を応援に行ったときのことです。その女中さんは、『向こうは、女中を使用人として差別する、ひどい扱いを受けた。みんな家族なのに』と憤慨して戻ってこられました」

社長が幼かったころの話である。

社長は「分」と「対等」という言葉で、独特のファミリー意識を解説する。

「主があり、従があるという意味での秩序はありますが、立場がたまたま違うだけ。主人と女中という『分』はありますが、一方で『対等や』という思いがあります。店とお客さんの関係も、お互いに対等といえばそうですが、お客さんにはお客さんとしての『分』がある。会社のなかでも、この『分』と『対等』の意識が浸透していて、社員にとって『分』があることは言わずもがなですが、一方で、『結局、社長だってわしらと一緒や』と思っている。そうやないと、『うちの会社』という気分になれんでしょう」

五個荘（ごかしょう）の商家は信心深く、浄土真宗の影響が強いという。浄土真宗では、真実の教法に結ばれて生きることを「同朋・同行」と言うわけだが、ツカキで感じる独特のファミリー意識にはこうした背景がうかがえる。

塚本家は「分」と「対等」の意識をもち続けており、社員も、創業家だから、オーナー一族だからといって特別視する必要がないようだ。そうしたなかで、「うちの会社」という意識が育まれ、「うちの会社」を守るために、会長や社長、後継者にズケズケと「物申す文化」が根付いたのであろう。

離れと庭

　離れと庭にも案内してもらった。離れは母屋よりも随分新しく、生活感を感じさせるものがほとんどない。とはいえ、建てられたのは一九一八（大正七）年と古く、客間として利用されていたという。下半分にガラスがはめ込まれている雪見障子のおかげで室内は明るく、庭の景色を十分に楽しむことができる。

　離れには、富岡鉄斎（一八三七～一九二四）が揮毫（きごう）した額装や中国・唐代の禅僧、寒山拾得（かんざんじっとく）を描いた屏風などが飾られている。経済面で余裕が生まれると付き合いの幅も広がる。当然、教養を身につける必要もあっただろう。このうえなく芸術と文化をたしなむ空間が演出されていた。

離れの座敷

ふと書棚や床の間を見ると、牛、カニ、タヌキといった動物を模した置物や文具が置かれていた。社長によると、「骨董品が趣味の祖父が集めたもの」だという。

しかし、子どもは容赦ない。

「おもちゃを買ってもらえないので、遊び道具にしていました」

よく手入れされた広大な日本庭園も、社長の遊び場と化していたようだ。築山の奥まったところに、二〇メートルを優に超える高木、貝塚伊吹（ヒノキ科）がそびえたっている。見事な光景だが、「巨木のてっぺんにトンビの巣がありまして。木の上に見張り台をつくって、友達とよく遊びました」。社長は童心に返ったような表情で、語り口も滑らかだ。井戸の近くにある三角形の岩は滑り台にしていたという。

チャンバラごっこも楽しい思い出だったようだ。

「商人が旅をする際に使う護身用の短い刀、道中差しを蔵で五本見つけましてね。友達に一本ずつ渡して、本物の刀でのチャンバラです。文字どおりの真剣勝負、刀から火花が散っていました。

富岡鉄斎が書き記した額装

誰か、大人が見ていたんでしょうね。すぐに没収となりました」

本物の刀でチャンバラとは……。お話をうかがっていて、本宅で過ごした一二歳までの日々にタイムスリップしてみたくなった。近江商人の里「五個荘（ごかしょう）」で商人としての基本を叩き込まれた一二年、破天荒な遊びに興じた一二年、どちらも十分ドラマになりそうだ。

こんなことを思いながらふと時計を見ると、夕方と言える時刻であった。あまりの楽しさに長居をしてしまったようだ。着いた早々お昼までごちそうになっているので、四時間以上となる。後ろ髪を引かれながらおいとまの挨拶をすると、

「すみません、私は駅からバスで来たので車でお送りできません。恐れ入りますが、バスかタクシーで駅まで行ってください」

と、社長から詫びられた。

私たちが五個荘に来た交通手段は、JR能登川駅（琵琶湖線）からタクシーであった。最後まで、近江商人の心得を感じることになってしまった。

社長の遊び道具となったタヌキの置物。法衣を着て数珠を持つ

滑り台となった庭石

塚本家の本宅については、原則として一般見学は受け付けておらず、紙上による見学ということでご容赦いただきたい。とはいえ、前半に紹介したように、五個荘（ごかしょう）には見学が可能な屋敷が多々あるので、ぜひ足を運んでいただきたい。

五個荘の見学を終えて改めて塚本社長の講演を思い出した。SDGsの広がりによってがぜん脚光を浴びるようになった経営理念である「三方よし」、リスク分散のための「三分法」、おどろおどろしい「親苦労、子楽して、孫乞食すの長寿三大鑑（三代の図）」など、大変興味深く、含蓄に富んだ話であった。受講生の感想を見ても、琴線に触れた主題が多かったことが分かる。そのなかで、筆者がもっと深く知りたいと思ったのは、企業存続のための「別家（べっけ）制度」と「先祖との一体化」（先祖の経験値を自分に取り込む）であった。

別家は、なぜ平然と社長に物申すことができるのだろうか。そもそも、退職後、なぜ会社にかかわり続けるのか。そのインセンティブはどこにあるのか。また、先祖と自分が一体化する

庭でチャンバラの話をする塚本社長

貝塚伊吹（ヒノキ科）

とはどういうことなのだろうか。どうすれば、そんなことが可能になるのか。社長とは違い、五個荘の本宅で育っていない子どもや孫も、先祖との一体化が図れるのだろうか、などである。

本書の制作にあたって京都の本社で何度も社長にお目にかかり、別家さん、番頭さんからもお話を聞かせてもらっている。それでも、何とも言えないモヤモヤ感が残っていた。経営者と社員が共有している仲間感、いや、同志、同朋、ファミリーといったほうがより実態に近いのかもしれない。いずれにしろ、社員はツカキという企業の行く末に思いを寄せ、必要に応じて行動しているという。オーナー家でもない彼らがなぜそこまでするのか……。

しかし今回、近江商人の故郷を訪ね、五個荘という地域の文化や近江商人について学び、塚本社長の幼少期を追体験することで少し曙光が見えはじめた。そして、本書をお読みになったみなさんが抱かれたであろう疑問のいくつかが解消されたとすれば、あるいは新しい発見があったとすれば、筆者としては望外の喜びである。

さて、次は本社のある京都に戻ることにする。ツカキの同業者、繊維問屋が集積する室町通の散策である。観光名所とは言えない室町通だが、ここにもさまざまな歴史が息づいている。まずは、その中心地から紹介していきたい。

室町通をめぐる――日本最大の織物・染め物集散地

「いとへん」として京都の経済を長きにわたって支えてきた繊維業界。「西陣」、「室町」と呼ばれる一帯がその中心で、「西陣」には織物業者、「室町」には問屋（商社）が集中している。西陣織の帯、お召、友禅、白生地、和装小物などを扱う問屋が軒を連ねる「室町」は、東京の日本橋堀留（ほりどめ）と並ぶ和装の一大拠点となっている。

その中心を南北に貫いているのが室町通だが、かつては車と人がひしめき合っていた。現在では、業界の衰退に伴い、そのむせ返るような熱気が街から失せている。もちろん、観光客の姿もほとんどなく、どちらかといえば静かな通りとなっている。しかし、界隈を歩いてみると、今なお歴史と文化を感じる取ることができる。そんな室町通を散策する。

平安京の「室町小路」にその名が由来する室町通は、北山大橋西詰から十条通下ルまでの全長約八・一キロメートル。そのうち、繊維問屋が集っているのは、東は高倉通、西は西洞院通、北は二条通、南は五条通のあたりまでである。俗に「室町」という場合は、この界隈を指している。

京都で高級絹織物を仕入れ江戸で販売

室町は、江戸時代から全国の織物や染物の集散地として知られ、現在私たちがよく知る企業も室町界隈に拠点を構えていた。二条室町の北西角には「三井越後屋京本店記念庭園」（非公開）がある。記念庭園の重厚な門扉には「丸に井桁三」という三井のシンボルが見える。

三井越後屋といえば三井グループの源流である。創業者は三井高利（一六二二～一六九四）。伊勢（松阪）商人の代表として知られ、江戸・日本橋のイメージが強いが、一六七三（延宝元）年に呉服店を江戸に開いたあと、京都にも拠点を構えていた。もちろん、商品を仕入れるためである。

最初に店（借家）を構えたのは室町通蛸薬師の東側だったという。外国人観光客や地元の買い物客でにぎわう京の台所「錦市場」の一本北の通り、それが蛸薬師通である。商売の発展に伴い、一七〇四（宝永元）年に「記念庭園」がある現在地に移転した。そして明治以降、三井越後屋京本店は「三越京都支店」として一九八三（昭和五八）年まで存続した。

三井不動産が保存している「記念庭園」は六八坪（約二二

三井越後屋京本店記念庭園

五平方メートル）に留まるが、かつてはその約一四倍の広さを誇ったという。消えた敷地の一部にはマンションが建つ。

一方、尾張藩の呉服御用を務めていた「松坂屋」（当時は「伊藤屋」）も一七四五（延享二）年、高級呉服を仕入れるための店を京都に開いた。最初の店は室町通錦小路、その後、一本西で、二本北となる新町通六角下ルに移転している。当時は「江戸店持京商人」と言われ、京都で高級な絹織物などを調達して江戸の店で商いをする形態が理想とされていたようで、三井越後屋や松坂屋はその典型である。

かつて、松坂屋は格子が美しい京町家の大店だったが、二〇一〇年に閉鎖され、その場所にはホテルが建っている。

明治時代には、大手総合商社「伊藤忠商事」の創業者、伊藤忠兵衛（一八四二～一九〇三）が進出している。忠兵衛は「塚喜商事」の塚本家と同じく近江（豊郷町）の出身で、一八七二（明治五）年に大阪で本店を構え、一八八二年に京都に拠点を設けた。室町通四条南にあった京染め呉服問屋「伊藤京店」は紋付の黒染めで人気を博したという。

名門呉服商、誉田屋と千切屋

ビルが建ち並び、マンションやホテルが増えた室町では、大店が軒を並べるという往時の風景はほとんど見られなくなった。それでも、いくつかの店は、昔ながらの町家と暖簾を守り続けている。

三井越後屋京本店記念庭園を上がった（北に向かう）ところに、金糸を用いた豪華な絹織物である金襴を扱う誉勘商店（こんかんしょうてん）がある。初代勘兵衛が、誉田屋（こんだや）から暖簾（のれん）分けを許されたのは一七五一（宝暦元）年で、以来この冷泉町で二七〇年以上にわたって法衣や装束、舞台衣装、人形用衣装などの織物を商ってきた。「布（きれ）一寸とも我が旦那なり」を家訓に、小口も大口も大切な顧客として応対し今に至る。現当主は、数えて一三代目という。

室町で、誉田屋といえば千切屋（ちきりや）と並ぶ名門の呉服商で、暖簾分けした分家や別家の多さから「千切屋百軒、誉田屋九十九軒」と呼ばれたそうだ。誉勘商店は、この誉田屋一門である。蔵をのぞく建物は幕末の「蛤御門（はまぐりごもん）の変」で焼失し、一八七六（明治九）年に再建された。

着物好きなら誰もが知る帯の「誉田屋源兵衛（こんだやげんべえ）」も、明治以来の風情ある店を守り続けている。言わずと知れた、誉田屋一門である。

店は、室町三条を少し下がったところにある。一七三八（元文三）年創業の老舗だが、現当主である一〇代目の山口源兵衛さんは、異

誉勘商店

業種で活躍する前衛的な人々と軽やかに協業している。

二〇〇六年には、ファッションデザイナーのコシノヒロコさんがデザインした図柄を山口源兵衛さんが着物に仕立て、建築家の隈研吾さんが斬新な手法でそれを展示する「コシノヒロコ「襲（かさね）」――墨象・色象 展」を東京・大丸ミュージアムで開催した。また、泥染や藍染など日本の染織物のルーツがある奄美大島でダンサーの田中泯さんが踊り、スペイン人写真家のイサベル・ムニョスさんがその姿を撮影し、その写真を山口源兵衛さんが西陣織の帯に仕立て上げるというユニークなコラボレーション作品は、「KYOTOGRAPHIE 京都国際写真祭２０２２」で披露された。

「温故知新」を心に刻み、新しいことに挑戦し続けることで伝統文化や家業を守る、革新的な老舗経営者の一人である。

ちなみに、西陣高級お召で知られる「矢代仁（やしろに）」も誉田屋（こんだや）一門である。一七二〇（享保五）年に元祖矢代庄兵衛が立ち上げた店で、室町二条を下がったところにビルが建つ。一九四一（昭

誉田屋源兵衛

和一六）年に開校した京都府立嵯峨野高等女学校（現・嵯峨野高校）は、第七代矢代仁兵衛による京都府への寄贈五七万円で創設されている。室町・呉服問屋の羽振りのよさと社会貢献への意識の高さがうかがえる。

室町三条の交差点は、かつて「五色（ごしき）の辻」と呼ばれていた。京都医健専門学校のある北西角に、明治生まれの歌人である吉井勇（一八八六～一九六〇）の歌碑があり、「洛中の 五色の辻に 家居して み祖の業を いまにつたふる」と刻まれている。

江戸時代、この室町三条周辺に「千切屋（ちきりや）」一門の暖簾を掲げる店が並んでいた。千切屋は、近江（甲賀市）出身の西村与三右衛門が弘治年間（一五五五年～一五五八年）に京に上り、三条室町に法衣店を開いたことがはじまりとされ、分家、別家（べっけ）を含めて最盛期には一〇〇軒を超えていたという。

その繁栄ぶりを象徴するのが「五色の辻」である。三条室町の辻（十字路）の壁を見ると、東南は「赤」、南西は「黄」、東北は「青」、西北は「黒」と「白」だったことから「五色の辻」と呼ばれるようになったそうだ。「五色の辻」の南東には、京友禅の老舗「千總（ちそう）」が本店を構えている。法衣装束商としてこの地で商いをはじめた「千總」は、言うまでもなく「千切屋」の一門である。

吉井勇の歌碑

呉服問屋の遺産を活用

近代的なビルやマンション、ホテルが目立つようになった室町ではあるが、老舗呉服問屋の趣ある建物を巧みにリノベーションしたものも点在している。

「矢代仁」のビルの向かいにある然花抄院（ぜんかしょういん）京都室町本店は、カステラで名高い長崎堂グループの運営である。虫籠窓（むしこまど）や犬矢来（いぬやらい）がある築三〇〇年の京町家で、ほかの町家に比べて間口が広くなっている。暖簾をくぐると左側に菓子ショップ、右側にはカフェがあり、正面には奥に続く「通り庭」が見える。中庭を眺めながら通り庭を歩くとギャラリーがあり、筆者が訪ねたときは、衣作家である真砂三千代さんの作品が展示されていた。どっしりとした町家の佇まいが呉服問屋の往時を偲ばせる。

室町姉小路の少し南にあるホテル「ザ・ひらまつ 京都」は、一八九九（明治三二）年に呉服問屋が建てた京町家をリノベーションしたものだ。ホテルであることを強調するような華美な装飾はなく、かつて表屋（店舗として使われていた部分）だった空間がフロント

然花抄院京都室町本店

として利用されている。床は、昔の土間を思わせる「三和土（たたき）」風である。その保存・再構築を手掛けたのは、一九三一年創業の「中村外二工務店」。京都を拠点に、数寄屋造りを手掛ける工房として知られている。

　こうしたリノベーション物件を眺めていると、しばしばタイムスリップしたような感覚に襲われる。反物（たんもの）を広げ、図柄に込められた意味、織りや染めの職人技などの談義に花を咲かせる。華やかなりしころの室町が目の前に広がってくる。

　室町通を離れ、錦通を少し西に進んだところにある中華料理店「膳處漢（ぜぜかん）ぽっちり」は、外から見るかぎり洋風建築にしか見えないが、元は呉服問屋の店舗兼住居であった。洋館（地階～二階）は店舗エリアのみで、奥の居住エリアは木造二階建、その奥には離れ座敷と蔵がある。

　建てられたのは一九三五（昭和一〇）年。京都府立大学名誉教授の大場修先生の論文「近代京都の洋風町家――洋風摂取の町家形成」（『建築史学』、二〇〇三年）でも取り上げられている洋風町家

ホテル「ザ・ひらまつ 京都」

中華料理店「膳處漢ぽっちり」

の一つである。新しいものに積極的な姿勢を示す、町衆の一面がうかがえる。

小学校の校舎は芸術センター

廃校となった小学校の校舎も次々と生まれ変わっている。後述する「京都国際マンガミュージアム」は一九九五（平成七）年に廃校となった京都市立龍池（たついけ）小学校を改築したものである。

明治維新による東京遷都で衰退の危機にあった京都では、町衆たちが、新しい時代を担う子どもたちの教育に力を入れようと、住民自治組織の「番組（町組）」を単位として六四の小学校を創設した。国の学制（一八七二年）に先立つ、一八六九（明治二）年のことである。それだけに、住民の小学校への思い入れは強い。

龍池小学校と同じく、番組小学校の流れを汲む明倫小学校は一九九三年に廃校となったが、二〇〇〇年に京都芸術センターとして蘇った。室町錦の北にある。室町通に面した正門の門柱は八角形で、頂部はドーム形となっている。校舎の外壁はクリーム色で、屋根瓦はスペイン風、バルコニーまで設置されている。一八六九（明治二）年に開校し、一九三一（昭和六）年に改築された建築物ながら実に洒落ている。

当時の町衆の財力やセンスに改めて驚きながら敷地に入ると、右奥に「二宮金次郎」の石像が建っていた。かつてどこの小学校にもあった、薪を背負い、本を手にして読みながら歩く、あのスタイルである。

建物に入ると、数十年前の小学校時代が思い起こされた。古い校舎が放つ、独特の香りを感じながら、木の廊下を歩くとミシミシ、ギィーと音がする。白タイル張りが懐かしい手洗い場もある。蛇口をひねると勢いよく水が出た。

鉄筋コンクリート造り三階（一部四階）建の校舎は、ほぼそのまま残され、多くの教室が若き芸術家たちのアトリエとなっていた。ワークショップ用の部屋やギャラリーだけでなく、七八畳の畳敷き大広間もあり、伝統芸能の公演も可能となっている。かつての小学校は、さまざまなジャンルの芸術家が集い、自由に制作し、そして発信する、そんな空間に姿を変えていた。

一階の教室に入る地元のコーヒー店「前田珈琲」まで、自身の店を舞台にアーティストや学生、住民らをつなげるプロジェクトを企画するなど、建物全体が独特の雰囲気に包まれている。四条烏丸のビジネス街から歩いて数分にもかかわらず、まるで異なる世界に足を踏み入れたような感覚になる不思議な場所である。

建物の正面は、祇園祭の山鉾をイメージしたという。京都らしさや伝統とモダンが巧みに融合する建物は、二〇〇八年、西館・南

「二宮金次郎」の石像

館・北館・正門および塀が国の有形文化財に登録された。施設の管理運営には、公益財団法人京都市芸術文化協会が携わっている。

室町幕府と花の御所

いくつもの時代を超え、古きよきものが残る一二〇〇年の都・京都。その歴史や文化に魅了される人々が世界中から訪れるなか、流れゆく時代とともに京都の街も姿を変えている。

桓武天皇が七九四（延暦一三）年に造営した平安京は、一四六七（応仁元）年にはじまり、一一年続いた応仁・文明の乱で焼け野原となった。安土・桃山時代には、豊臣秀吉が中心部の大改造を手掛けている。さらに幕末の一八六四（元治元）年には「蛤御門（はまぐりごもん）の変」で生じたどんどん焼け（鉄砲焼け）が都の中心部を襲い、東本願寺や本能寺をはじめとして、二万七〇〇〇軒を超える家屋が焼失したとされる。もちろん、町衆が支えてきた祇園祭の山鉾にも甚大な被害が及んだ。

そんな歴史を振り返りながら、改めて室町通を北から南へ少し歩

明倫小学校の校舎を利用した京都芸術センター

いてみよう。

室町といえば「室町幕府」を連想する人も多いだろう。室町幕府は三代将軍足利義満の時代に権力基盤が確立され、その義満は一三七八（永和四）年、役所を兼ねた邸宅を建てている。それが「花の御所」である。鴨川の水が引かれた庭には、四季折々に花が咲き誇ったと伝わる。

さて、この「花の御所」はどこにあったのだろうか。烏丸今出川にキャンパスを構える同志社大学の「寒梅館」に石敷遺構の一部が保存されていると聞き、訪れてみた。どうやら「花の御所」は、南は今出川通、北は上立売通、東は烏丸通、西は室町通に囲まれた一帯にあったようだ。

室町今出川の東北角には、「従是東北　足利将軍室町第址」の石標が建つ。この邸宅は「室町第」や「室町殿（どの）」とも呼ばれていた。室町通に面して正門が設けられたことに由来するらしい。そうなると、足利尊氏によって開かれた幕府の名前は「室町」という通り名がルーツとなる。歴史の授業で習った「室町時代」

花の御所の石碑と石敷遺構

が身近に感じられる。

ちなみに、現在京都のメインストリートとなっている烏丸通だが、平安時代は「烏丸小路」と呼ばれる幅一二メートルの狭い道で、呼び名も、「からすま」ではなく「からすまる」だった。かつては、烏丸通も室町通と同じく「小路」。そう聞けば、邸宅の正門が室町通にあったことに違和感はないだろう。しかし、この「花の御所」、応仁・文明の乱で焼失している。

日本の道路の基点、一条札の辻

室町今出川から少し南に進むと一条通にぶつかる。その交差点の北西角には、一八三〇（天保元）年創業の「本田味噌本店」がある。その一条通を少し東に行けば、禁裏（きんり）（御所）の御用商人だった「虎屋」の京都一条店、その南には金剛流の能楽堂がある。いずれも、京都御所の西向かいに位置している。

羊羹で有名な「虎屋」は東京の老舗と思われがちだが、創業は室町後期の京都で、禁裏の菓子御用を務め、一八六九（明治二）年、遷都に伴って東京に進出した。一方、金剛流は、能楽シテ方五流派のうち、唯一、京都を拠点としている能楽の宗家である。現在の能

本田味噌本店

楽堂は二〇〇三年に竣工したものだが、以前は四条室町にあった。老朽化のため、能舞台を現在地に移築している。

現在の一条通は決して広くないが、平安時代は道幅約三〇メートルという「大路」で、室町通と一条通が交差する「室町一条」は江戸初期まで日本における道路の基点であった。その後、三条大橋西詰へと基点は移り、明治に入ると京都を離れて東京・日本橋に移った。

「室町一条」は「一条札の辻」ともかつては呼ばれ、高札場（こうさつば）[1]があった。本能寺の変で織田信長を討った明智光秀は、洛中[2]に住む町民を味方につけるため、家の間口に応じて課税される地子（地税）の免除を謳う高札をここに掲げている。

ここから少し下がったところには、文人画家の富岡鉄斎が後半生を過ごした住まいがあった。京都に鉄斎の作品が多数残っているの

（1）幕府や領主が決めた法度や掟書を木の板札に書き高く掲げておく場所。

（2）北野天満宮などに残る「御土居（おどい）」に囲まれた京都の市街地を指す。

虎屋茶寮 京都一条店

は、このためである。先述の「虎屋」も多くの作品を所有しているほか、老舗和菓子店の「鶴屋吉信」本店（堀川今出川）の入り口にかかる看板「京名物、柚餅」は鉄斎の揮毫であり、日本画専門絵具の「彩雲堂」（姉小路麩屋町）の屋号は鉄斎が命名したもので、その看板も鉄斎によるものだ。そういえば、本書の主人公である塚本家の本宅となる五個荘の住まいにも鉄斎の額装が飾られていた（二二二ページ参照）。

洒脱な鉄斎の旧宅は、二〇一二年まで京都府議会議員の公舎として使われていたが、二〇二二年に取り壊され、二〇二四年度には「文化と産業の交流拠点」として生まれ変わることになっている。文化庁の京都移転を記念した事業であり、府から無償で土地の提供を受けた京都商工会議所が進めているプロジェクトである。

京都市のホームページでは、鉄斎の旧宅を次のように紹介している。

「上京区の誇る近代の史蹟というべきところ」とし、「瓦葺屋根に竹組門扉のついた表門を入ると二階建の母屋があって、庭園とともに鉄斎の好みを偲ばせてくれます。敷地の南端にある3階建の洋館は，賜国書楼と名づけられた書庫で、鉄斎愛蔵の万巻の書物が蔵められていました」（https://www.city.kyoto.lg.jp/kamigyo/page/0000012539.html 参照）

今回のプロジェクトは、果たして粋か、無粋か。鉄斎に尋ねてみたいところだ。

「二条城」は一つではなかった

「二条城」は一つでなかったことをご存じだろうか。現存するのは、徳川家康が建て、世界遺産に登録されている「二条城」だけだが、織田信長と豊臣秀吉も築城している。そして、室町通には、織田信長による二つの「二条城」があった。

「一条札の辻」から室町通をさらに南下すると、レンガ造りの瀟洒な建物が目に入ってくる。平安女学院大学のキャンパスである。この界隈に、織田信長が一五代将軍足利義昭のために建てた旧二条城があった。築城されたのは一五六九（永禄一二）年、その後、二人の関係は悪化し、信長が義昭を追放して室町幕府は滅亡した。そして、一五七六（天正四）年に旧二条城は解体され、その資材は安土城の建設に再利用されたという。室町下立売の南西角に石碑と説明版が立っている。

信長によるもう一つの「二条城」は「二条殿」と呼ばれていた。一五七六（天正四）年、公家である二条家の邸宅「二条殿」を譲り受けた信長が改修し、京都での居宅（本邸）としたものである。のちに、その屋敷を皇太子・誠仁親王

二条城跡

に献上したため「二条新御所」とも言われるようになったが、一五八二（天正一〇）年の「本能寺の変」の際には、信長の長男である信忠が籠城し、自害した場所としても知られている。

この「二条殿」には「龍躍池（りゅうやくいけ）」と呼ばれる広大な池があった。一六世紀後期に描かれた『洛中洛外図』[3]にもこの池は描かれている。

明智光秀軍の襲撃を受けて焼失したあと、豊臣秀吉による「天正の地割」で南北に走る新道（現「両替町通」）が造られて敷地は分割された。今は、室町通御池上ルに「二条殿御池跡」、「京都国際マンガミュージアム」の裏口、両替通御池上ルに「此附近 二条殿址」と刻まれた石碑が建っている。「御池通」の名前も、京都国際マンガミュージアムとして活用されている元小学校の名前であった「龍池」も、二条殿にあった「龍躍池」に由来しているとも言われる。

「京都国際マンガミュージアム」裏口の石碑「此附近 二条殿址」

会計事務所入り口の石碑「二条殿御池跡」

時代を遡るが、「旧二条城」から「二条殿」にかけてのエリアは平安時代からすでに歴史の中心舞台であった。二条室町の北西エリア、「三井越後屋京本店」（二二七ページ参照）があった場所には「七日関白」と呼ばれた藤原道兼の本邸宅である「町尻殿（まちじりどの）」が広がっていた。

道兼は藤原兼家の三男である。関白であった兼家の亡きあとは長兄の道隆がその位に就いたが、五年ほどで病死し、道兼が待望の関白になったわけだが、わずか数日で病死してしまったので「七日関白」と言われている。当時、猛威を振るっていた天然痘の犠牲になったとされる。

その後、藤原一族の争いを制し、わが世の春を謳歌した道長は道兼の弟である。道隆、道兼の亡きあと、道隆の息子である伊周（これちか）と道長が対立した。甥と叔父の争いである。

二条通を挟んだ南（二条室町の南西エリア）には、伊周の屋敷「二条宮（にじょうのみや）」があった。伊周の妹が一条天皇の中宮（皇后）定子で、彼女に仕えた女房（にょうぼう）(4)が『枕草子』を著した清少納言であるとくれば、きっと身近に感じていただけるだろう。ちなみに、同じく一条天皇の中宮だった彰子は藤原道長の長女で、その彰子に女房として仕えたのが紫式部である。ご存じのとおり、女房同士もしのぎを削っていたわけである。

（3）国立歴史民俗博物館所蔵の「洛中洛外図屏風（歴博乙本）」。重要文化財、一六世紀後期、https://www.rekihaku.ac.jp/education_research/gallery/webgallery/rakuchu_otsu/rakuchu_otsu_r.html

（4）宮中に部屋を賜って住んだ、身分の高い女官のことで、貴族の侍女。

二条通から六角通にかけては、その後、上皇になったあとも権力をもち続けた白河、鳥羽、後白河らの御所が置かれている。藤原氏が摂政・関白として栄華を誇った摂関時代も、上皇が影響力を保持し続けた院政時代も、このあたりに為政者がいたということになる。

祇園祭を支えた町衆

御池通、姉小路通を越えると三条通にぶつかる。先に述べたように、この室町三条周辺に「千切屋（ちぎりや）」一門の店が集まっていた。ところで、室町通のすぐ西に衣棚（ころものたな）通がある。豊臣秀吉による「天正の地割」の際に新設された通りで、その名は法衣などを棚売りする店が多数あったことに由来する。

姉小路通から南に、祇園祭の山鉾町が広がる。祇園祭の起源は、八六九（貞観一一）年の祇園御霊会（ごりょうえ）だと言われている。当時の国の数と同じ六六本の矛を立て、内裏の南にあった「神泉苑」に神輿を送って疫病の退散を祈願したという。

京都の夏を彩る祇園祭は、現在、八坂神社の神輿が市中を回る神輿渡御などの「神事」と、町衆が主体となって山や鉾を巡行する「行事」からなっている。町衆が経済力をもつようになると、豪華絢爛な山や鉾が造られるようになった。各町は、財力や審美眼を誇示するために、ヨーロッパのタペストリーやインドの更紗（さらさ）といった海外の染織品を集め、円山応挙（一七三三～一七九五）

や竹内栖鳳（一八六四〜一九四二）といった絵師に装飾画を依頼した。山や鉾を飾るのは、こうした美術品だけではない。錺金具、木彫、漆工では、京都で受け継がれてきた伝統技術の粋が尽くされた。

室町界隈のきらびやかな山鉾は、裕福な旦那衆が資金を出し、美を競い合った成果でもある。そうした山鉾の巡行は「動く美術館」と称され、ユネスコの無形文化遺産「山・鉾・屋台行事」として登録されている。

巡行に参加する山鉾は三四基（二〇二三年七月時点、前祭二三基、後祭一一基）あり、宵山期間中は各町内会の会所近くで見学が可能である。南北の通りでは、室町通と新町通にそれぞれ七基の山鉾が建つ。室町通には、北から、役行者山、黒主山、鯉山、山伏山、菊水鉾、鶏鉾、白楽天山が並ぶ。なかでも「鉾の辻」といわれる四条室町で四方を見渡すと、東に函谷鉾、西に月鉾、北に菊水鉾、南に鶏鉾と大型の鉾がそろい踏みし、その眺めは壮観のひと言である。

祇園祭の期間中は、山鉾町にある旧家や老舗が秘蔵の屏風や絵画、着物などを展示公開している。「屏風祭」と呼ばれ、祇園祭を支えてきた町衆の暮らしや文化が垣間見えてくるのだが、とりわけ夜が楽しい。家々からもれる明かりに誘われて格子越しに室内を覗くと、家宝とおぼしき屏風や山鉾のミニチュアなどが飾られている。見物客へのおもてなしというよりも、「お宝自慢」のようにも思える。祇園祭は控えめとされる京都人を熱くする神事のようだ。

菊水鉾

月鉾

山伏山の会所

祇園祭とツカキグループ

祇園祭の時期にツカキグループで行われているイベントを紹介しよう。「ぎおん et きょうと」と銘打った新作展示販売会が本社ビルで開催され、一階のロビーには、こだわりの作品が展示される。祇園祭という機会に全国のお得意さまを集めるとともに、技を駆使した最高級の織物で見物客までもてなすといった催しである。

二〇二三年七月一一日、コンチキチンの祇園囃子に誘われてツカキスクウエアを覗いてみた。一階のロビーには、ツカキグループの「あさぎ事業部」が西陣織の技術で織り上げた、屏風やかるた、帯などが飾られている。「屏風祭」を意識されているのだろう。尾形光琳の「燕子花図(かきつばたず)屏風(びょうぶ)」と俵屋宗達の「扇面流図屏風(せんめんながしずびょうぶ)」が目を引く。

さらに、国宝の「源氏物語絵巻」の濃彩をそのまま表現した丸帯が飾られているエリアには、尾形光琳による小倉百人一首、通称「光琳かるた」があり、読み札に上の句と詠み人の肖像画、取り札には下の句と読まれている情景が描かれている。極細の筆で描いた絵さながらの出来栄えで、かなり近づかないと織物であると認識できないほどであった（これらの作品については、第3章を参照）。

八階の展示販売会場にも足を運んでみた。このフロアは呉服の売り場となっており、西陣織、京友禅はもちろん、結城紬、大島紬といった全国から集められた逸品がいくつものコーナーに分かれて展示されていた。案内していただいた塚本喜世志副社長に見せてもらったのが、桐の箱に収められた結城紬、その値札に驚いた。書かれてあった値段は、何と「一二〇〇万円」であった。

一階に飾られていた屏風や丸帯などの製作を統括した、あさぎ事業部室長の名越聖さんの姿が見えた。彼が手にしているのは、江戸琳派の祖、酒井抱一（一七六一～一八二九）の「桜図屏風・楓図屏風」をベースに、大胆な構成で意匠した丸帯である。一方から咲き誇る桜、もう一方からは紅葉した楓が美しく織り上げられている。

あまりの見事さに気を取られていると、名越さんが作品の説明をしてくれた。

「純金箔、プラチナ箔を潤沢に使用しました。第一礼装で使える豪華なものです。抱一オリジナルの作品は六曲一双の屏風です。横長の構図を縦長の帯にするには、デザイン力が必要とされます。俗に、『帯は、結んで三代、譲って八代、飾って末代』と言われます。そんな帯ですから、夢と物語と感動のあるものづくりを心掛けています」

呉服売り場（8階）

副社長に見せていただいた結城紬、1,200万円の値札がつく

熱のこもった話を聞き、「職人」のすごさを改めて感じてしまった。

「普通の帯は、同じ柄の繰り返しです。でも、私の帯は、一つひとつに物語があります。こちらを見てください。豪華な琳派と格調高い宮崎友禅斎の加賀を合わせてつくった作品です。帯の片方に桜やボタン、もう片方には秋の七草を描いています」

本を著す場合にも「物語」が重要である。それがなければ読者は読み進めてくれない。名越さんは、その「物語」を帯で表現しているという。このような帯を購入する人は、それを感じるのであろう。製作者と購入者が「帯」という商品を通して分かり合えるという空間、門外漢には入り込めないところで、職人の矜持（きょうじ）に触れた瞬間でもある。

隣に置かれている丸帯には、高い志を願った富士山、無病息災の縁起物とされる瓢箪（ひょうたん）、商売繁盛の七福神、風水四神獣の青龍（せいりゅう）・白虎（びゃっこ）・朱雀（すざく）・玄武（げんぶ）、そして鬼門の魔除けとされる南天（なんてん）（難転＝難を転ずる）などの画がぎっしりと織り込まれていた。名越さんが「幸多かれ」を願って手掛けた作品だという。

あさぎ事業部のコーナーには、使い手にも

あさぎ事業部室長の名越聖さん（左）と彼が手掛けた丸帯

高い教養が求められる帯が並んでいる。同時に、優美な雰囲気が醸し出されていた。とはいえ、この日は販売展示会である。

「この帯なら留袖から訪問着まで結べます。逆にいえば、この一本と色無地の着物があれば大抵の場面でおめしいただけます」と、時折、営業トークが聞こえてきた。展示販売会ならでの面白さだ。

会場では、宮川町の舞妓さんによる踊りも披露されていた。来場者へのおもてなしの一つだが、その集客力は「さすが」のひと言。多くの客が舞妓さんの踊りに魅了されていた。

踊りの舞台となっている背後には、南蛮の香りが漂う屏風が置かれていた。通称「松浦屏風」(5)と言われるもので、遊女たちが三味線を弾いたり、かるたに興じたりする姿が描かれている。江戸時代初期につくられ、九州平戸藩主の松浦家に伝わったことからその名がある。

京都宮川町の舞妓と舞台を盛り上げる松浦屏風（8階）

本物はもちろん国宝で、奈良市にある私立美術館「大和文華館」に展示されている。よって、会場に置かれているものはその複製品だが、塚本社長によると「数千万円を要した」そうである。祇園祭を支えてきた旦那衆の心意気を感じてしまう。

一つ下のフロア（七階）には、宝飾品やバッグ、毛皮などが展示されていた。宝飾品コーナーでは、「ファミリー勉強会」（第5章参照）で宝飾品とバッグのビジネスについて説明してくれた塚本大二郎専務が接客をしていた。ファミリー勉強会の場で紹介されていた「デマントイドガーネット」だけなく、同じマダガスカル産の「グランディディエライト」と呼ばれるブルーグリーンの希少石も多数展示されており、石好きにはたまらないだろう。

一方、革製品のコーナーには、害獣として駆除された鹿革に墨染めを施したバッグや財布が飾られていた。手にすると、意外なほど軽かった。どれもこれも高価なものばか

(5)　「婦女遊楽図屏風（ふじょゆうらくずびょうぶ）」とも言われ、作者は不詳であるが、江戸寛永年間に制作されたと推定されている。六曲一双で、金地に着色しており、大きさは一五五・六センチ×三六一・六センチとなっている。

マダガスカル産の宝石について説明する塚本大二郎専務（奥）（7階）

りで、目の保養にはこのうえない空間であった。

駆け足で展示販売会場を見て回ったが、聞くところによると、来場されている方は、東京や大阪などの百貨店、専門店の担当者とそのVIP顧客だという。事実、七階、八階では、買い手も売り手もにこやかな笑みを浮かべていた。ツカキグループが総力を挙げて国内外から集めてきたこだわりの逸品、自慢の品に、ご満悦のお客さまたち。高額な品が飛ぶように売れる光景、「商売繁盛」というツカキグループの一面を見せていただいた。

その一方、一階のロビーは「屏風祭」を楽しみたいという一般のお客さまに開かれている。「三方よし」を常に心に留め、実践されている。まさしく、ツカキの本領が発揮されているイベントと言えるだろう。

墨染めを施した鹿革のバッグ（7階）

本書を制作することが契機となって、久しぶりに、ゆっくりと室町通を歩くことができた。京都市内にある大学に勤務しているからといって、市内のことを熟知しているわけではない。実際に歩いてみると、知らなかったことや、記憶から抜け落ちていたところが多かった。そんなことを補ってくれたのが、以下に紹介する本である。

・日本アート・センター編『京都の大路小路』小学館、一九九四年
・日本アート・センター編『京都の大路小路——ビジュアル・ワイド』小学館、二〇〇三年
・原島広至『今昔地図でたどる京都大路散歩』学芸出版社、二〇二二年

駆け足ではあったが、ツカキグループの精神的支柱となっている滋賀県の五個荘と、本拠地である京都の室町界隈をめぐってきた。ここまで読み進めてきた読者のみなさんは、ツカキグループがこうした地域に育てられる一方、その一員として重要な役割を担っていることに気付かれただろう。塚本家本宅がある五個荘（ごかしょう）は、経営理念である「三方よし」や、「三分法」に基づく経営などに強い影響を与えている。また、一二〇〇年の都・京都を拠点とするがゆえに、ツカキは伝統技の継承や歴史ある建築物の保存・再生に真摯に取り組んでいる。

ツカキグループは、幕末期の創業以来、明治、大正、昭和、平成と幾多の困難を乗り越え、令和の現在に至る。塚本家というファミリーを中核に、かつては丁稚や手代、番頭さんが、今は経営理念に共感する社員が商いにいそしみ、そんな彼らを別家（べっけ）（企業ＯＢ）が道を踏み外さないよう目を光らせている。売り手も買い手も世間もみな幸せである「三方よし」を経営理念としてき

た同グループには、実に多彩な人々が集う。

本書では十分に紹介できなかったが、塚本社長が発信する「喜左衛門ブログ」には、その人脈の広さと関係性の深さがよりつぶさに綴られており、そこに登場している方々がみな、優しい笑顔を見せている。人やまち（地域）との縁を「宝」とされてきた塚本社長の人となり、そして、彼をリーダーとするツカキグループの社風に触れることができる。

名所や旧跡ばかりが京都ではない。一年に五〇〇〇万人を超える観光客でにぎわうこの街を、こうした老舗が支えていることを伝えたい。時代を超えるレジェンドに思いを馳せながら、古い都の大路小路を散策し、あなたが知らない京都に出会ってほしい。

本書の最終章となる第7章では、現在は社会人として活躍している当時の受講生に、本プロジェクト型授業を振り返ってもらうことにする。

第7章

今だから分かること

社会人になった学生が当時を振り返る

塚本喜左衛門氏の講演時に質問する石田君（手前が田口君）

ツカキグループの塚本喜左衛門社長の講演があった二〇二〇年は、新型コロナウイルス感染症が世界中で猛威を振るい、社会経済活動は瀕死の状態にあった。龍谷大学でも、同年度の前期は全授業がオンラインに切り替わり、経済学部のプロジェクト型授業も変則的な運用を余儀なくされた。本授業は、当初、一年通しての実施を予定していたが、フィールドワークのオンライン実施が困難として前期は見送られ、後期のみの半年となった。

この年は、五社の経営者に大学で講演していただき、受講生は五つのグループに分かれて、担当企業を調査・研究する方式をとった。感染リスクを下げるため、企業の現場訪問は当該企業を担当するグループメンバーのみを基本とした。

本書の出版にあたり、ツカキグループを担当し、四条烏丸の本社を訪問した受講生に当時を振り返ってもらった。彼らは、この授業を通じて何を得たのか。そして今、それをどのように活かしているのか。社会人となった彼らの目に、ツカキグループはどのように映るのだろうか。

講演から約三年、二〇二三年一一月三日夜、大阪市内の店に集まったのは、石田光（二〇二一年卒）、田口顕秀（二〇二三年卒）、増田梓実（大学院生）の三人である。赤堀亘（二〇二一年卒）は体調不良で参加できなかった。大手物流会社に就職した田口は、埼玉県内の支店に勤務している。石田は、京都で自動車販売の仕事に携わり、書き入れ時の休祝日は出勤日にあたる。日程調整は難航したが、文化の日の夜七時半スタートでなんとか折り合った。

辻田（教授）　この授業は、経済学部のなかでもとりわけ異色です。当時を振り返って、興味深かったこと、学んだことなどを自由に話してほしいと思います。学生時代には気付かなかったけれど、社会人になった今なら分かる、感じるといったことにも話を広げてもらえればうれしいです。

石田　いろいろな情報をまとめるのが大変でしたね。多くの経営者の方から、あそこまで掘り下げられた話を聞いて、といっても学生だったので、そこまで深く考えていたわけではなかったですが……。授業を受けたのは四年のときで、履修登録時に受けたい授業を順番に埋めていって、本当に最後、空いているコマを埋めようとしたらピタッとはまって。そんな軽い気持ちで受けたという記憶があります。

田口　僕は二年生でした。この授業を履修すると決めたときは、決して軽い気持ちではなかったけれど、だからといって強い思いがあったわけでもなく。でも、受講すると、何だかとても奥が深いなという印象をもちました。授業を受ける前と、実際に受けているとき、そして終わったあと、その都度、印象が変わりました。

増田　一社一社に対して、しっかりと入り込んでいったから。企業にサラッと触れるだけなら、ほかの授業でもやっていたかもしれません。現地へ足を運んで取材をし、経営者と直接やり取りをするというのは、なかなかできない経験でした。

田口　資料を整理し、それを文章にまとめるのが本当に大変でした。コロナ禍ということもあって自由には動けなかったし。ほかのグループは、現場からオンライン中継をしていましたが、僕たちは現地の状況をビデオで撮影して……。

石田　みんなの前で、現地で撮った写真と動画を編集して発表しましたよね。僕が自己満足的な動画をパソコンでつくって（笑）。

田口　そうそう。僕は動画がつくれないから、「すごいな」と見ていました。

石田　あれがきっかけで、写真や映像を編集したり、何かをつくって発信したりすることが面白くなり、興味をもつようになりました。今、車関係の会社に勤めているのですが、当時の経験が今の仕事にもつながっています。去年まで営業を担当していましたが、今年からWEB関連の仕事を任されるようになりました。編集したり、ブログを書いたりしています。

辻田　あのとき、面白いと思ったの？

石田　そうですね。動画の編集は、なんか楽しいなって感じ、パソコンでいろいろとやりはじめて。老舗の社長さんのお話をうかがうという授業本来の趣旨とは少し離れていますが、当時取り組んだことが、今、しっかりと活かされているという手ごたえがあります。それに、学生という立場で会社の代表と向き合って話す機会がたくさんあったことが、就職活動でもとても役に立ちました。

田口　僕もそうですね。学生のころから社会人と抵抗なく話せたのは、ああいう経験を積んできたからなのだろうと思います。この授業ならではの話でいえば、老舗の社長さんが家訓や経営理念について話をされるじゃないですか。家訓や経営理念には、創業者や経営者の「思い」がかなり端的に表れていると思うようになり、自分自身も就職活動中は企業の経営理念に対して自然に意識が向くようになりました。新しい会社の名前を見聞きすると、その経営理念はどうなっているかを気にするようになって、それが自分の考え方と近ければ、自分に向いている会社かもしれないなと。それまでは、その会社の事業にしか目を向けず、「この会社は、こういう事業をやっているところだ」で終わっていたのですが、この授業のおかげで「この会社はこういう考え方をしているのだ」という部分を強く意識するようになりました。もちろん、現在も同じです。

辻田　そうすると、今、勤めている会社は経営理念に共感できたってことですか？

田口　ええ、この（二〇二三年）四月から働いている物流会社は、経営理念に共感して入社しました。

増田　当時、私は大学院博士課程の一年目でした。学部時代から中小企業の社長さんに話を聞いたり、工場を訪ねたりしていましたが、創業して一〇年、長くても四〇年というような企業ばかりで、社長さんの多くは創業者や若い二代目のみなさん。だから、長い歴史を引き継ぐことの大変さを「生の声」として聞いたのは初めてでした。ものすごい重圧なのだろうと、話を聞いてその重みを初めて知りました。ましてや、当時の私は大阪から京都に来たばかりだったので、京都の文化や歴史が企業と重なり合っていることに驚きました。五代目、六代目になってくると、企業もずっと先を見ているなという感覚をもつことができた授業でした。

今、大阪の大学で非常勤講師として経営の授業を担当しています。当時、経営者から直接話をうかがったり、現場を訪問したりしたので、その経験を授業に活かすことができています。経営者の思いや現場の実態を適宜紹介しつつ、企業経営の基本概念や仕組みなどを受講生に説明しています。

たとえば、事業承継です。ツカキさん以外にもさまざまな業界の方から話を聞いたので、後継者は自分の会社を引き継ぐまでに紆余曲折、修行の期間があることが分かりました。丁稚奉公じゃないけれど、別の会社で汗を流して業界のことを学んだり、人脈をつくったり、雇われる側の立場を実感したりして、ようやく会社を引き継いだという話を繰り返しうかがったので、それを受講生に伝えています。

辻田　なるほど。どのような企業から話をうかがったか、覚えていますか？　ツカキさんのほかに……。

増田　白味噌（石野味噌）、香木（山田松香木店）、漬物（川勝總本家）、五条坂にある清水焼（陶

泉窯）、企業名じゃなくて商品名ばかり出てきます（笑）。

田口　石野さんの白味噌、うちの会社で運んでいますよ。今、埼玉の支店にいますが、そこで石野さんの荷物を見ました。

辻田　石野社長が講演で「うちは関東が強い。先々代（養子）が東京出身だったから、その縁でいち早く東京に販路を開拓した」という話をされていましたよ。だから、さもありなんだ。

田口　意外なほど身近なところに老舗企業の商品がある、生活のいろいろなところにあるんじゃないかと思います。老舗の経営者のみなさんが、「創業一〇〇年でようやくスタートライン」と話されるたびに、「すごいですね。京都ならではですよね」と言いたくなります。

増田　「一〇〇年ではまだ赤ちゃん。二〇〇年やって、やっと老舗の仲間入り」みたいな感覚にびっくりしました。受講生はたいてい二〇歳前後でしょう。自分の年齢を基準に考えると、一〇〇年はとんでもない数字。どれだけ生きたら一〇〇年になるのか、という感じです。

石田　ところで、ツカキグループの「西陣織あさぎ美術館」、館内にお土産コーナーがあるじゃないですか。そこに、富士山を西陣織で描いた手ごろなサイズの額がありました。いまだに、あれが欲しいと思い続けています。

辻田　京都で働いているのなら、時間を見つけて買いに行けば？

増田　富士山を描いた西陣織、今もありますよ。スカーフなどもあり、品揃えが豊富になっています。

田口　西陣織がきれいなものだということは分かっていたのですが、洋風の美術作品まであったのにまずビックリです。すごく細やかな表現もできると分かり、さらに驚きました。

石田　僕は、西陣織に対して二次元的なイメージが強かったのですが、それが覆されました。学生時代に購入したパソコンに当時の写真を今も保存していますが、三次元的なものがたくさんあって、奥行きが感じられました。

田口　蓄光糸のようなものを使った作品がありませんでしたか？

石田　あれ、すごく面白かった。確か、出口近くの暗い部屋でしたよね。

増田　そう。美術館として、どんどんバージョンアップしています。先日行くと、「この中に入って座ってください。ゴッホの作品の中にいるあなたの写真が撮れます」

座談会の風景。右から田口、石田、増田（2023年11月3日）

というコーナーもありました。

田口　きっと、インスタ映えするんでしょうね。

辻田　今回の本には、みなさんが訪問した本社レポートも抜粋して掲載します。写真も添えて。

（と言って、校正を行うためのゲラ刷りを見せる）

石田　ウサギの毛でつくったパンダの写真、どうして僕が持っているの？

田口　社長さんに持たされたから。

辻田　社長さんに質問されたでしょう。「この部屋の中で気になるものは？」って。

石田　思い出しました。「パンダが気になる」って言ったから、「持ってみてください」と言われて。

田口　懐かしいですね。本に載せる内容はどんな感じになるのですか？

増田　講演会の採録に続いて、本社訪問の様子。そのあと、講演のなかで社長さんがいろいろ話された内容を掘り下げる章が入ります。「西陣織あさぎ美術館」の話だったり「三方よし」についての説明だったり、と。

田口　なるほど、近江商人のふるさと「五個荘（ごかしょう）」についてのエピソードも入るんですか？

辻田　申し訳ないですが、田口君が書いてくれた五個荘のレポートは、書き直してもらえなかったのでボツになりました（一同笑）。あのままでは、ちょっと掲載できなかったので……。

増田　近江商人については、田口君の代わりに辻田先生が書かれました。三年前に私たちが五個荘（ごかしょう）を訪ねたときは、ご自宅に行けなかったじゃないですか。今回、私たちは、社長さんが生まれた家に招待されたので、大きな木がある庭も歩きました。台所では、「おくどさん」というものを見せてもらいました。社長さん、出版社の編集者さん、辻田先生と一緒に、少し場違いな感覚を覚えながら、生家に近い小料理屋でご飯をたっぷりいただきました。

田口　うーん、いろいろ追加取材していますね。

辻田　別家（べっけ）さん、大番頭さん、それにファミリーの勉強会についても、当事者のみなさんから話をうかがってきました。別家さんは、ツカキ本社の上にあった寮に住み込んで、いわゆる丁稚奉公として社会人生活をスタートされていました。田口君も、支店の上にある寮に住んでいるんだよね？

田口　自分の部屋から職場までわずか二〇秒ほどです。「お互いに大変ですね」と、話が弾みそうです。

辻田　それから、ファミリーではない社員の出世頭である専務さん。昔でいうところの大番頭さんにインタビューし、社長さんが授業で話されていたファミリー勉強会にも参加させてもらいました。講演を聞いただけでは、どんなものなのか、想像しがたかったので。

「コロナ禍がわが社に与える影響は」とか、「『三方よし』を自分の職場で実現するには」といったお題が与えられて、息子さんらが発表し、社長さんがそれにコメントするという、そう、まるでゼミのような雰囲気でした。

田口　実質的な、経営陣育成の場ということですね。

増田　社長のお子さん三人いずれもがツカキグループで勤務されています。副社長の長男は和装の「塚喜商事」を担当し、次男はカタカナの「ツカキ」で毛皮や宝石を扱い、三男は経理を受け持っています。立場がまったく異なるため、「三方よし」というテーマでも視点がそれぞれ違っていますが、全体として、とてもバランスが取れていると感じました。

田口　勉強会のテーマは「三方よし」なんですか？

増田　テーマは、毎回変わるそうです。私たちが訪問したときのテーマが「三方よし」。「三方よし」にそれぞれの立場でどのように取り組んでいるか、というお話でした。

辻田　「三方よし」を言葉として理解しているかどうかではなく、自分の日々の活動、ビジネスにおいて、こういう形で「三方よし」を実現していますということを発表する会ですね。財務なら財務の立場で「三方よし」を意識した、こんなことやっていますよ、と。

田口　そんな勉強会をしている会社って、まずないでしょうね。

増田　経営者とその息子が経営理念に絡めて自社の活動を見つめ直す、考えるなんていうのは聞いたことないですね。

辻田　息子さんが小学生のころからだから、もう三〇年、四〇年と続いているそうです。

田口　毎月、それが何十年も、すごいなぁ。

増田　朝七時からやっているからね。私たちは、訪問に備えて、本社の近くにあるホテルに泊まりました。当日、社長さんはとても元気で、「おはようございます」って声も大きく、よく通っていました。

田口　講演のときのように、エネルギッシュなんですね。

増田　本当に元気。（社長よりも若い）こちらが元気ないなって感じるぐらいに。

辻田　本では、ファミリー勉強会のあとに、近江商人のふるさと「五個荘（ごかしょう）」に足を運び、ツカキさんのルーツや経営の真髄を探るという構成になっています。

コロナ禍で、三年前の授業は半年だけだったから少し難しかったけれど、通常は一年。本当なら、自分が担当した企業についてもっと掘り下げて調べてもらいたかったのよね。早朝のファミリー勉強会にしても、社長さんの講演だけでは、どのような感じで進められているのか、なぜそれを開く必要があるのか、そのあたりがよく分からないから。ファミリー勉強会に参加させていただいたおかげで少し理解が深まり、みなさんにもその様子を伝えることができました。

田口　朝の勉強会では、そんなことしていたのですね。思ってもみませんでした。

辻田　五個荘を訪ねたところまではよかったのだけど、訪問したことで半ば満足してしまい、それ以上踏み込めなかったことが少し残念でした。企業によっても違いますが、ツカキさんは若いみなさんを歓迎してくださっていたので、一年をかけてじっくりと向き合っていれば、相当な「学び」につながったと思います。

講演を聞いて、現場を一度訪問したら終わりではなく、その会社について深く知れば知るほど、自分なりに思うこと、感じること、考えることができて、自然といろいろなことを提案したくなるでしょう。

田口　そこまで知らなければ、なかなかできないですね。

辻田　学生らしい視点での提案ができないまま終わりになってしまうと、もったいないから。受け入れてくださった企業にとっても、得るものが少ないと思う。ただ、コロナ禍で動きづらかったし、時間も半年しかなかったから仕方がなかったかな。一年を通しての授業なら、もっと広く深く探求できる可能性があったのにね。

そうした経験も踏まえ、二〇二三年度からは一年をかけて一社に向き合い、考察する授業に変えました。

田口　じっくり取り組めば、深みや面白みがつかめるだろうと思います。ただ、面白みを感じ取る前の学生と、こうしたビジョンを共有するのはなかなか難しいですね。多くの学生は、「通常の授業なのに、ゼミでもないのに、そこまでやる必要があるのか」と感じるのではないでしょうか?

辻田 ゼミという形では、教員と企業とのつながりに特化されてしまいがちです。そうなると、大学として、経済学部として継続できるかどうかが問題になるから、普通の授業の枠を使っているということです。

田口 いろいろと調べれば、より面白くなってくることが分かります。知らなかったことがどんどんと明らかになり、社長さんの講演についても、きっとより深く理解できるようになるだろうけれど。

石田 先ほど話に出た早朝のファミリー勉強会。普通の会社ではやっていないかもしれないという、初歩的な「気付き」を学生に求めるのは難しいかな。やはり、社会に出てみないと分からないこともあると思うので。学生のときに、ここまで（本の内容）取り組むとなると……。社会人になった今だから、「ツカキは面白い経営をしている」とか「もっと深く知りたい」と思えるのではないでしょうか。

田口 そう、こんな勉強会、普通は絶対にしないって、今ならよく分かります。わが社の人たちにすれば、「この会って何のためにあるのか」とか、「それで何が決まるのか」となるでしょう。ファミリー勉強会では、とくに何かを決めるわけではなく、考えを共有する、向く方向を一緒にするということが主眼なんですよね。

辻田　勉強会をやらなければ、あるいはサボったら、誰かが違うことを考えたり、別の方向に進んだりする可能性がある。だから、勉強会として習慣づける必要があるのだと思います。

田口　やはり、そこがいくつもの時代を超え、一五〇年以上も続いてきた企業の老舗たるゆえんなのですね。改めて、「伝統の力」を実感しました。

座談会を終えて

大学での講演で、経営者のみなさまには、自社の歴史や経営理念、事業戦略などについて自由に語っていただいている。その過程で、経営者自身の人生観や人となり、場合によってはこれまでの経営者の方々の生きざまや考え方も浮かび上がってくる。受講生はみずみずしい感性で、実に多くの気付きを得て、自らの人生を切り開いていることを実感できる座談会となった。また、社会の荒波に揉まれ、たくましくなった受講生の姿に安堵するとともに、学生の立場では、老舗の素晴らしさがなかなか分からない、経営者の言葉に込められた深い意味が十分には理解できない、社会人になって初めて見えてくる景色があることを改めて教えられた。

おわりに

七九四年の平安遷都以来、都として栄えた京都では、雅（みやび）な朝廷文化を支える多彩な産業が発展した。一六〇三年、江戸に幕府が置かれ政治の中心が移ってからも、幕府の権威を保証する天皇は京都に居を構え、御所の周辺には公家屋敷が立ち並んだ。

歴史、伝統、文化などの素養があり、優れた審美眼をもつ皇族や公家を顧客としてきた京都の職人たち。その技やプライドは類を見ないほど高く、彼らの手になる品物のデザインや質は他を圧倒するものとなった。お金に糸目をつけない顧客を相手に、職人は自らの技をとことん極めることができた。

京都はまた本山寺院も多く、仏壇仏具や法衣、印刷といった関連産業が花開いた。さらに、江戸幕府が全国を支配し、道路網が整備されるなかで京都は、本山寺院詣でを兼ねた人気の旅先となった。

江戸時代、京都の品物が全国に流通するようになると、京都産は「下りもの」と呼ばれ、「上等なもの」、「価値があるもの」と評価された。これが、私たちが普段使う「くだらないもの」＝

「つまらないもの」、「価値がないもの」の語源とも言われている。京都産の織物は「下りもの」の最たるもので、その生産の中心が西陣であり、物流の拠点が室町であった。

本書では、滋賀県の五個荘（ごかしょう）を出て京の都に店を構え、室町問屋としてスタートしたツカキグループに焦点を当て、その発展経緯や経営理念、経営戦略、事業承継などについて紹介してきた。

二〇二〇年秋、塚本喜左衛門社長による大学での講演で幕が上がり、聴衆として参加した学生が、その後、演じ手に転じ、四条烏丸にあるツカキグループの本拠地を訪問した。同グループが扱う和装製品や毛皮、宝石などを目にし、場合によっては手に取ってその感触を確かめ、役員室では同グループを支えてきた別家（べっけ）約四〇人の写真と対面した。あさぎ美術館では、西陣織の技術を駆使したさまざまな作品に出会い、その高度な技や文様に込められた深い意味に驚きの声を上げた。

社長による講演の三年後、今度は、現役の大番頭や別家に直接インタビューし、塚本家が所有し経営する企業を、非ファミリーの視点で語っていただいた。また、塚本家による早朝ファミリー勉強会への参加は、後継者教育とは何かを改めて考える機会となった。そして、ファミリーも非ファミリーも、ツカキグループの長期繁栄を心の底から願っていることを知り、その一体感に圧倒された。

同グループのホームタウンである五個荘も訪ね、近江商人の考え方や生き方がツカキグループに連綿と受け継がれていることを理解した。他方、もう一つのホームタウンである室町界隈では、多くの同業者が姿を消していた。祖業である和装産業が成熟・衰退期に入る前から多角化を進め、不動産業も本格的に展開してきた同グループの手腕が光る。

ツカキグループは、新型コロナウイルス感染症の流行という突発的危機に対する組織能力も高かった。コロナ禍で加速するデジタル化にいち早く対応するとともに、コロナ後の市場や需要の変化などを認識、予測し、長期的な視点で新たな事業機会や成長のありようを検討した。「ピンチをチャンスとする」志向性はコロナ禍でも健在であった。

経営環境の危機的状況に対する事前の備え、危機が発生した時の対応力、そして、危機後の適応力。市場からの退出を余儀なくされた同業者とツカキグループを決した要因の一つとして、これらが指摘されるだろう。危機を自己変革のチャンスとする高い組織能力、「レジリエンス」(しなやかさ、復元力)として近年注目されている力である。

コロナ禍にあった二〇二〇年は、多くの制約のなかで対面授業が開講され、学生の活動も限定的となったが、その三年後に本書を企画したことで、社会人となった受講生に当時を振り返ってもらう機会を設けることができた。教員が想定していなかった学びや気付きがあったことを知るとともに、老舗経営者の話の背後に隠された意図や意味を、場合によっては分かりやすく受講生に伝える必要があることを教えられた。私たち教員にとっても、ピンチはチャンスであった。

京都は「古都」である。日本の伝統や文化が今も息づく、唯一無二の存在である。一二〇〇年の歴史を紡いできたのは町衆であり、その象徴ともいえるのが「老舗」である。老舗は、過去の京都、現在の京都を知るには格好の「題材」であり、これからの京都を担っていく重要な存在でもある。

本書は、そんな老舗にスポットライトを当て、新たな観光資源としての老舗を提示した。読者の方々が老舗についてより深く知り、京都の歴史や文化、産業などに関する知識を得て、その奥深さをかみしめる。本書を手に現地を歩く。そして、私たちが知りえなかったことや感じえなかったことを新たに発見する。従来とは異なる、そんな新しい観光スタイルを提示したいという想いを秘めている。

コロナ禍を経て、京都では、オーバーツーリズム（観光公害）問題が再燃している。その一因は、伏見稲荷大社、清水寺、嵐山といった人気スポットへの観光客の集中である。本書はそうした観光とは一線を画するもので、京の街に埋め込まれている日本の歴史や文化を、近江商人を源流とする室町問屋のツカキグループを通じて満喫していただきたい。京都を愛してやまない読者の方々にとって、まだ見ぬ京都を知るための手引書となることを切に願っている。

主体的な学びは、悠久の歴史を刻む京都を楽しむために不可欠であり、人生を切り開くための力となる。

本書は、実に多くの人々の思いによって結実した。コラボレーション授業の立ち上げ期には、京都老舗の会世話人の一人である（株）若林佛具製作所相談役（当時）の若林卯兵衛氏に手厚くサポートをいただいた。京都人の気質や立ち振る舞い、老舗との接し方まで、詳細にご教示を受けた。ビジネスの世界や京都のしきたりに不慣れな私たち教員の「粗相」も、若林氏の力添えによって看過してもらえたのではないかと感謝している。

また、本授業を最初に担当したのは松岡憲司氏（龍谷大学名誉教授）である。二〇一二年から二〇一八年までの七年間、ほぼ独力で産学官の関係者をコーディネートし、学生の学びを後押しした。

松岡氏は二〇二二年夏、若林氏は二〇二三年秋、鬼籍に入られた。本書を真っ先にお届けしたかった功労者である。本書は、京の老舗に対する二人の篤い遺志を受け継いでいる。

本書の執筆にあたっては、ツカキグループの皆様に大変お世話になった。塚本喜左衛門社長には、大学での講演、本社での長時間に及ぶ複数回のインタビュー、本書の企画段階からの打ち合わせ、原稿の校正と多大なご尽力を賜った。二〇二三年六月の週末には、五個荘の本宅もご案内くださった。

ツカキグループの次代を担う塚本ファミリーの皆様にも協力を仰いだ。早朝のファミリー勉強会では近江商人の教えである「三方よし」について、祇園祭真っただ中の展示販売会では自社製品について熱く語っていただいた。

専務の村上博史氏には大番頭として、東満男氏には別家として、ツカキグループへの思いを吐露してもらった。西陣織の歴史や技法に関しては、あさぎ事業部の名越聖室長や西陣織あさぎ美術館の方々から指南を受けた。墨流し染めについては、鳴滝の製作現場を案内してくださった（株）京朋のみなさまにお礼を申し上げたい。

塚本社長が懇意にされている、重森三玲庭園美術館館長の重森三明氏にも協力いただいている。ツカキグループは経営の多角化が進み、塚本社長の交友範囲は驚くほど広い。多くの方々にインタビューを重ねることができ、また、私たちの相次ぐ疑問が次々と解消されたのは、いつもにこやかに対応してくださった社長室秘書、石田美沙氏のおかげである。その丁寧な仕事ぶりに心から感謝している。

コラボレーション授業の実施や本書の作成にあたっては、京都老舗の会の事務局でもある京都府商工労働観光部染織・工芸課の皆様にご支援いただいた。課長の岸田秀紀氏、係長の藤山大輔氏、同授業の直接担当である伊藤万里氏にはあらためて謝意を伝えたい。

最後に「プロジェクト型授業での学生の学びやそのプロセスを、好奇心あふれる知的な京都ファンに活字で披露する」というアイデアを提示し、本書完成までの過程をともに楽しんだ、（株）新評論の武市一幸氏にも感謝の意を表したい。

老舗に焦点を当てた学生の学びを、京都の新しい観光案内として昇華させるという初めてのプロトタイプが本書であり、企業、大学、行政と立場の異なる人々が協働した成果でもある。読者の皆様から忌憚ない意見をいただきながら、大学での新しい学びを模索するとともに、京都案内、老舗案内の新しいスタイルを確立することができればと願っている。

辻田素子

二〇二四年三月

地域活性化プロジェクト
京都老舗の会×龍谷大学

京都府では、府庁の開庁100周年となる1968（昭和43）年から、府内で100年以上にわたって家業の理念を守り、他の模範となってきた企業を「京の老舗」として表彰してきました。表彰企業は2,000社以上となり、工芸品や和菓子など京都の文化と深いつながりのある伝統産業をはじめとして、飲食業やサービス業などの業種にまで広がっています。

京都の老舗企業は、戦乱や経済不況などの危機を乗り越え、何代にもわたって事業を継承してきたわけですが、そこには経営に対する様々な知恵があります。それらの知恵を調査研究し、発信することを通じて、多くの経営者に参考としていただくために、「京の老舗」表彰企業と府内にある大学などを会員とする「京都老舗の会」を2012（平成24）年３月に立ち上げています。

「京都老舗の会」では、大学などと連携して老舗企業に関する多様な事業に取り組んでいます。なかでも、「龍谷大学経済学部」とのコラボレーション授業は、経営者自身から学生へ向けて直接話をしていただく貴重な機会となっており、「京都老舗の会」設立当初から10年以上にわたって行われているものです。この度、これまでの授業の成果をベースに、学生たちが新たに調査や研究を加えた書籍が出版されることを大変うれしく思っています。本書が広く皆様のもとへ届き、京都の老舗企業の「歴史」を知るとともに、その「魅力」を新たな視点で感じられることを願っています。

結びにあたり、講演や取材を快く引き受けて下さった老舗企業の皆様、コラボレーション授業の当初から多大なご協力をいただきました故松岡憲司龍谷大学名誉教授、本書の刊行に御尽力された辻田素子教授をはじめ、学生の皆様、そして龍谷大学経済学部に対して心から御礼を申し上げます。

京都老舗の会事務局（京都府商工労働観光部染織・工芸課）

著者紹介

【学部生】

赤堀　亘（あかほり・わたる）
1998年生、和歌山県出身、海南高校卒、2023年３月龍谷大学経済学部卒
第１章、第２章、第７章の執筆担当

石田　光（いしだ・ひかる）
1998年生、滋賀県出身、草津東高校卒、2021年３月龍谷大学経済学部卒
第１章、第２章、第７章の執筆担当

田口顕秀（たぐち・あきひで）
1999年生、滋賀県出身、彦根東高校卒、2023年３月龍谷大学経済学部卒
第１章、第２章、第７章の執筆担当

松本光貴（まつもと・こうき）
1996年生、滋賀県出身、草津東高校卒、2022年９月龍谷大学経済学部卒
第１章の執筆担当

【大学院生】

増田梓実（ますだ・あずみ）
1996年生、和歌山県出身、日高高校卒、大阪経済法科大学経済学部卒。同経済学研究科修士課程を修了後、2020年４月から龍谷大学経済学研究科博士後期課程在籍。2023年４月から阪南大学経営情報学部の非常勤講師。「産業集積における企業のリスク認識と経営戦略――西陣織産業集積の組織間関係を分析対象として」（単著）『危険と管理』（日本リスクマネジメント学会）第53巻、pp. 44-60。
第１章、第２章、第３章、第４章、第７章の執筆担当

【担当教員】

辻田素子（つじた・もとこ）
龍谷大学経済学部教授。「京都老舗の会」特別会員。『長寿ファミリー企業のアントレプレナーシップと地域社会――時代を超える京都ブランド』（共編著、新評論、2023年）、『コミュニティー・キャピタル――中国温州企業家ネットワークの繁栄と限界』（共著、有斐閣、2016年）で2017年度日本ベンチャー学会清成忠男賞書籍部門受賞、2016年度中小企業研究奨励賞経済部門本賞。
全体監修と第４章、第５章、第６章の執筆担当

編者紹介

龍谷大学経済学部

龍谷大学経済学部は、1961年の開設以来、「論理的分析、地域的多様性の理解、課題の発見と解決」を教育理念として、実践的な学びを提供してきました。世界経済が日々変化する中、「現代経済学科」「国際経済学科」の２つの学科の枠を超え、学生が自らの興味や関心に基づき選択する７つのプログラム（経済理論・応用政策・産業経済・データサイエンス・国際経済・開発経済・経済史）を展開しています。多様化する社会課題の解決に向け、経済理論やデータ分析に加え、現場から考えるフィールドワークを重視した主体的な学びにも力を入れています。

ツカキグループ
――「三宝よし」の近江商人――

2024年５月31日　初版第１刷発行

編　者　龍谷大学経済学部
発行者　武　市　一　幸

発行所　株式会社　新　評　論

〒169-0051
東京都新宿区西早稲田３-16-28
http://www.shinhyoron.co.jp

電話　03(3202)7391
FAX　03(3202)5832
振替・00160-1-113487

落丁・乱丁はお取り替えします。
定価はカバーに表示してあります。

印　刷　フォレスト
製　本　中永製本所
装　丁　山田英春

Printed in Japan
ISBN978-4-7948-1264-3